As 7 chaves da fidelização de Clientes

Direção Geral: Julio E. Emöd
Supervisão Editorial: Maria Pia Castiglia
Revisão de Texto: Antonio Borges Netto
Carla Castiglia Gonzaga
Revisão de Provas: Estevam Vieira Lédo Jr.
Patricia Gazza
Cristina Shizue dos Santos
Projeto Editorial e Capa: Grasiele L. Favatto Cortez
Imagens: Photos.com
Fotografia da Capa: Thom Lang/Corbis/Stock Photos
Impressão e Acabamento: Paym Gráfica e Editora Ltda.

Dados internacionais de Catalogação na Publicação (CIP)
(Câmara Brasileira do Livro, SP, Brasil)

Souki, Ômar
As 7 chaves da fidelização de clientes / Ômar Souki. -- São Paulo : HARBRA, 2006.

ISBN 85-294-0317-7

1. Clientes - Contatos 2. Clientes - Satisfação 3. Marketing 4. Marketing de relacionamento 5. Negociação em vendas I. Título.

06-2768 CDD-658.812

Índices para catálogo sistemático:

1. Clientes : Marketing de relacionamento : Administração de empresas 658.812

Rua Joaquim Távora, 779
04015-001 – São Paulo – SP
Promoção: (0.xx.11) 5084-2482 e 5571-1122 Fax: (0.xx.11) 5575-6876
Vendas: (0.xx.11) 5549-2244, 5571-0276 e 5084-2403. Fax: (0.xx.11) 5571-9777

ISBN: 85-294-0317-7

Impresso no Brasil *Printed in Brazil*

Sumário

Prefácio

Amigo leitor,

Você está prestes a iniciar a leitura de um dos melhores livros sobre a relação cliente-fornecedor dos últimos tempos. Esta é uma obra atual, moderna, escrita em linguagem acessível e agradável, que mostra de forma direta e objetiva como aumentar e fortalecer os seus resultados pessoais, de sua empresa e de seus negócios por meio da fidelização de Clientes.

Seja você um empresário, um profissional liberal ou autônomo, profissional de vendas ou até mesmo um estudante buscando compreender como alguns têm sucesso e outros não, *As 7 Chaves da Fidelização de Clientes* irão ajudá-lo. As chaves apresentadas no texto abrirão as portas necessárias para torná-lo um profissional especial e a seu negócio um empreendimento competitivo, ampliando de maneira decisiva seus resultados.

Em um mundo em que os Clientes têm várias opções de produtos e serviços, parece impossível conseguir que eles nos escolham. Veja, por exemplo, de quantas opções dispõe uma pessoa que queira comer *pizza*: ela pode fazê-lo em casa; ou comprar a massa pronta e apenas colocar os ingredientes da cobertura; ou telefonar para um dos "*disk pizza*" dentre tantos folhetos que tem em sua casa; ou ir a um restaurante mais próximo ou mesmo a uma pizzaria especializada. Se você fosse o dono da pizzaria, gostaria de ser lembrado por seu Cliente? Gostaria que ele não cogitasse outra opção que não fosse a sua *pizza*? Será isso possível?

Acredite! Não só é possível, como você está, neste momento, segurando a resposta em suas mãos.

Por meio de *cases* de sucesso, relatos de empresas que conseguiram aumentar suas vendas e de profissionais que expandiram seu lucro, Ômar Souki apresenta nesta obra as chaves para que você também o consiga. Com este livro, tenho a convicção de que você conseguirá abrir todas as portas necessárias para fidelizar seus Clientes.

Quero agradecer o convite para escrever este prefácio e compartilhar com você, amigo leitor, o privilégio que é conhecer e conviver com o autor pessoalmente. O professor Souki é brilhante. Ele põe em prática o que ensina, sabe como ninguém encantar Clientes e traduzir uma venda em uma fantástica experiência emocional. Se você quer descobrir se suas propostas dão certo, basta olhar para as empresas que passaram por seus treinamentos.

Agora quero deixá-lo com o melhor. Prepare-se para ter diversos *insights* e conquistar o espaço que você tanto merece. Boa leitura!

Rodrigo Cardoso
Escritor e conferencista

Introdução

Fidelização

Fica cinco vezes mais barato manter os Clientes que já conquistamos do que sair à procura de novos. Estima-se que 65% dos negócios vêm de Clientes fiéis, e não de novos. Fidelizar é tornar nosso produto ou serviço tão irresistível que nosso Cliente, quando precisar de mais, irá imediatamente pensar em nós.

Fidelizar é importante porque os Clientes fiéis são mais propensos a pagar mais pelos nossos produtos e serviços, tendem a comprar mais e também estão mais inclinados a comprar outros itens e usufruir de outros serviços que a empresa oferece. Em geral, são os melhores "garotos-propaganda" da empresa.

Pense em algum produto ou serviço que tenha fidelizado você. Qual é a primeira marca que aparece em sua mente quando pensa em:

- Supermercado? ....
- Restaurante? ....
- Lanchonete para refeição rápida? ....
- Drogaria? ....
- Hotel? ....
- Locadora de veículos? ....
- Empresa aérea? ....
- Perfume? ....
- Roupa? ....
- Computador? ....

Os nomes que você escreveu nos espaços à direita de cada um dos tipos de serviço apresentados identificam as empresas que souberam fidelizar você.

Por que essas marcas permanecem em sua mente? O que leva você a pensar nelas quando precisa daqueles produtos ou serviços?

Como fidelizar?

O processo de fidelização não é obra do acaso. Para que uma empresa ou pessoa encante você, é preciso que ela tenha esse propósito. A organização, ou o indivíduo, teve o objetivo de se destacar em sua área de atuação.

Passemos agora para as pessoas. Quais os nomes de pessoas que aparecem em sua mente quando você pensa em:

- Amigo(a)? ....
- Colega? ....
- Vendedor(a)? ....
- Escritor(a)/não ficção? ....
- Escritor(a)/ficção? ....
- Cantor(a)? ....
- Ator/atriz? ....
- Professor(a)/conferencista? ....
- Esportista? ....
- Empresário(a)? ....

Essas pessoas, de uma forma ou de outra, souberam cativar você. O que elas têm ou fazem que lhe agrada tanto? Você gostaria de ser como elas?

O Comandante Rolim, no começo da TAM, respondia pessoalmente a todas as cartas que recebia de seus Clientes, fossem elogios ou reclamações. Levantava-se às 5h e às 7h já estava na porta do avião cumprimentando os passageiros.

Tom Peters disse que algumas pessoas são melhores que outras e que algumas pessoas conseguem ser incrivelmente melhores que outras. O que faz com que elas sejam assim?

Joe Girard, o maior vendedor de carros do mundo (12 anos consecutivos no livro *Guiness*), disse que o segredo é serviço, serviço e serviço. Todos os dias ele escrevia, de próprio punho, sete cartões-postais para seus Clientes. Começava na letra "A" de sua agenda e ia até a "Z". Enviava mensagens de agradecimento, de estímulo, de parabéns etc. Dizia ele: "A venda não acaba quando o cliente compra – ela está apenas começando".

O serviço e a atenção ao Cliente são fundamentais no processo de fidelização, isso porque você e eu, assim como nossos Clientes, estamos todos buscando experiências mágicas, não trágicas. Vivemos na era do *marketing* de experiência, na qual o Cliente quer ser surpreendido. Como fazer isso?

Apresento-lhe a seguir as 7 chaves da fidelização de Clientes. Com elas, explico, passo a passo, o que é preciso acontecer para que você cative seus Clientes para sempre.

Chave 1

Cliente busca experiência

Porque a experiência
vale mais do que o produto!

VW, GM e Estrela descobriram a importância de associar seus produtos a experiências agradáveis.

Foco na experiência do Cliente

Nos anos 1990, a pergunta que os Clientes faziam era: **qual é o produto que eu não tenho, mas gostaria de ter?**

Tínhamos o foco no produto. Almejávamos ter um carro, um aparelho de DVD, um forno micro-ondas, um ar-condicionado, um *freezer*, um telefone celular etc. Com o tempo, essas comodidades se tornaram lugar-comum entre a classe média e as pessoas passaram a fazer uma pergunta diferente.

Hoje, a pergunta é outra: **qual é a experiência que eu não tive, mas gostaria de ter?**

Buscamos experiências diferentes: esportes radicais, cursos de desenvolvimento pessoal, MBA's (*Master's Degree in Business Administration*) etc. Diferentes tipos de treinamento ao ar livre também estão na moda. São atividades que proporcionam justamente o que estamos procurando agora: experiências marcantes.

Talvez você esteja lendo este livro a caminho de um curso noturno. Talvez faça aula de biodança, ioga, hidroginástica, *body pump*, *jump fit* ou algo similar. Ou esteja aproveitando suas noites para completar seu MBA.

As pessoas procuram valorizar mais o ser do que o ter. Estamos chegando à conclusão de que ser mais é mais importante do que ter mais. O ser precede o ter. Quem é mais, atrai mais: mais amigos, melhores negócios e, consequentemente, vendas volumosas.

O foco na experiência é evidente até no comportamento das empresas. A Volkswagen montou parques temáticos na Alemanha. A empresa vende automóveis, mas quer que as pessoas associem sua marca às experiências felizes que têm nos parques de diversões. Da mesma forma, a General Motors construiu pistas de corrida de automóveis na Disney World. Grifes famosas como Armani, Bvlgari e Versace estão construindo hotéis de luxo.

A Estrela, fábrica de brinquedos brasileira, gastou cerca de US$ 3 milhões para reformar uma casa em São Paulo, próxima ao parque do Ibirapuera. Nela instalou os mais variados tipos de brinquedo, não para comercializá-los, mas para que as crianças possam se divertir interagindo com eles. Dessa forma, a marca fica associada a um momento alegre, feliz e mágico.

A Centauro – loja de artigos esportivos – coloca quadras esportivas dentro de suas lojas para que os Clientes possam experimentar os produtos. Essas empresas descobriram a importância de associar seus produtos a experiências agradáveis. Isso porque, hoje, o Cliente paga mais pela experiência do que pelo produto.

O supermercado Stew Leonard´s, em Connecticut, nos Estados Unidos, oferece uma experiência diferente aos seus Clientes. Está localizado em uma fazenda e tem vários tipos de atração para as crianças: pessoas fantasiadas de animais, atrações musicais, leite direto da vaca etc. Por causa desses atrativos os pais escolheram esse supermercado para realizar suas compras de fim de semana. Não só os pais gostam de ir ao Stew Leonard's, mas as crianças *exigem* que as compras sejam feitas lá.

O foco do Stew Leonard´s é a experiência do Cliente. Ao lado da porta de saída a empresa mantém um questionário de satisfação com as seguintes frases: "Do que você gosta?", "Do que você não gosta?", "Eu adoraria saber".

Você pagaria US$ 20 milhões para ter uma experiência diferente?

No dia 28 de abril de 2001, Dennis Tito, milionário norte-americano de 60 anos, partiu rumo às estrelas. Foi em busca de uma experiência diferente. Viajou a bordo da nave russa Soyuz. Dono de uma fortuna de US$ 200 milhões, Tito pagou US$ 20 milhões pelos dez dias que passou no espaço.

O que ele trouxe de lá? Fotos e filmes e muita coisa para contar sobre a fantástica experiência. Foi entrevistado pelo rádio, pela televisão, pelos jornais... A notícia da primeira viagem de turismo espacial correu o mundo.

No dia 13 de junho de 2004, os jornais noticiaram outra experiência inusitada. O ex-presidente americano George Bush (pai) comemorou 80 anos saltando de paraquedas. Pulou de uma altura de 4.000 metros e desceu a uma velocidade de 200 quilômetros por hora antes da abertura do paraquedas.

As comemorações de seu aniversário duraram dois dias. Para participar da festa, as pessoas pagaram, no mínimo, US$ 200; algumas chegaram a pagar US$ 1 milhão. O dinheiro arrecadado foi destinado a instituições beneficentes. Bush (pai) disse que a escolha dessa atividade radical visava incentivar as pessoas da terceira idade a praticar mais esportes e a se manter fisicamente ativas.

Os exemplos de Tito e Bush apontam para a valorização da experiência. As pessoas estão dispostas a pagar muito por experiências transformadoras.

As pessoas estão dispostas a pagar muito por experiências transformadoras.

O que as pessoas procuram nos parques Disney? Nas viagens dentro e fora do país? Nos *shows* de artistas famosos?

Nos cinemas dos *shopping centers*? Em treinamentos ao ar livre? Na ginástica noturna? Nos cursos de fim de semana?

A mesma coisa que estão procurando nas lojas: experiências mágicas!

High Tech-High Touch

Vivemos em uma sociedade dominada pela alta tecnologia (*high tech*). Até com nossos filhos nos comunicamos pela internet. Fica mais fácil e mais rápido do que marcar encontros. Para viajar, compramos a passagem pela internet – fica mais rápido e mais barato. Se bate a fome, podemos chamar um serviço de *delivery* – também mais rápido e mais barato do que cozinhar para uma ou duas pessoas.

Com toda essa facilidade e rapidez, acabamos por perder algo fundamental da experiência humana: o contato com os outros. Passamos a ter "fome" de gente. Tornamo-nos carentes do toque que só outro ser humano pode nos proporcionar. É por isso que, em uma sociedade *high tech*, valorizamos tanto o contato intenso – *high touch*.

Em uma sociedade *high tech*, as pessoas ficam intoxicadas pela alta tecnologia. John Naisbitt, no livro *High Tech-High Touch*, enumera os sintomas de intoxicação tecnológica:

- Favorecemos as soluções rápidas, tanto na religião quanto nos alimentos.
- Temos a um só tempo medo e adoração pela tecnologia.
- Ficou tênue a distinção entre o que é real e o que é fantasia.
- Passamos a aceitar a violência como algo normal.
- Ficamos distraídos e distantes uns dos outros.

É justamente nesse contexto que surge a valorização das coisas mais simples e do contato humano, o *high touch*:

- O amor, o apoio e a presença da família.
- O encontro descontraído e demorado com os amigos.
- A volta para a natureza, na forma de passeios ecológicos.
- Alimentação natural e lenta – *slow food* –, assim como o contato com animais de estimação.
- Os ambientes mais humanizados e o atendimento personalizado, carinhoso e sem pressa.
- Os valores éticos e estéticos – o respeito pelo ser humano.

Enfim, queremos experiências memoráveis que só os seres humanos podem nos proporcionar. Essas experiências são justamente aquelas que nos proporcionam reconhecimento.

Kelly Mooney, especialista em *marketing* interativo, e Laura Bergheim, jornalista, mostram na obra *Os dez mandamentos da demanda* (Editora Campus) que os Clientes se tornaram mais exigentes depois que a internet passou a fazer parte da vida deles.

Na era da internet, o consumidor dispõe – ao alcance de um clique – de variadas opções, empresas e preços para comparar e comprar o que quiser. O mercado fechado, em que o Cliente era obrigado a comprar da empresa × por falta de opção, já faz parte do passado. Por isso, hoje é impensável não possuir um *site* de sua empresa na internet.

Da mesma forma, é inadmissível manter os mesmos padrões de atendimento que davam certo no passado. Nesse ambiente hipercompetitivo, é essencial que as empresas saibam filtrar e processar dados sobre o seu negócio para gerar conhecimento e, consequentemente, melhorar constantemente o atendimento ao Cliente.

A empresa que não conseguir superar as expectativas de seus Clientes está fadada a ceder espaço para outras organizações.

O foco deve estar na experiência do Cliente. As pessoas, quando fazem suas compras, querem atendimento personalizado, querem ser "mimadas" pelos vendedores. Dessa forma, a empresa deve estar atenta ao treinamento do vendedor para garantir atendimento eficiente, orientando o consumidor da melhor forma possível.

Mooney & Bergheim mostram que, em um ambiente *high tech*, as exigências do consumidor são cada vez maiores. Eles propõem os dez mandamentos da demanda, que, de acordo com suas observações, representam as novas expectativas e necessidades de um consumidor mais sofisticado:

1. **Ganhe a minha confiança.** Toda empresa deve, em primeiro lugar, conquistar a confiança e a lealdade do Cliente. Trata-se de inspirar respeito, integridade, qualidade e defesa dos interesses do consumidor que espera uma relação de parceria, na qual a empresa se esmere para proporcionar experiências agradáveis. Ironicamente, as experiências ruins são mais lembradas do que as boas. Portanto, se o Cliente tiver alguma experiência desagradável com um serviço ou um produto, as chances de ele vir a utilizar-se novamente dos produtos da empresa são mínimas. Construir uma imagem forte, criando valor para o Cliente, é a principal função da empresa.

2. **Inspire-me.** O Cliente compra emoções. É mais orientado pela emoção do que pela razão. A reação do consumidor pode ser irracional, profundamente pessoal, profundamente sentida. É importante que o Cliente associe *prazer* à marca da empresa e a seus produtos ou serviços. O atendimento ao Cliente pode ser feito ao som de uma música ambiente, e a empresa deve também estar atenta a detalhes como temperatura, iluminação e ruído. O resultado esperado é que o Cliente permaneça um tempo maior na loja e se interesse pelos produtos oferecidos. A empresa deve ter como norma e padrão o atendimento perfeito, sabendo que é nos pequenos detalhes que ocorre a fidelização.

3. **Facilite minha vida.** Crie conveniência e você venderá mais. O Cliente valoriza a simplicidade, a velocidade e a utilidade. As pessoas estão envolvidas em um fluxo constante de informações e têm pouco tempo para processá-las. Em geral, temos de lidar com grandes exigências no trabalho, na escola, na família etc. Ter certo tempo livre para o lazer é um fator importante para todos nós. As empresas atentas a essa necessidade proporcionam mais conveniência e agilidade no ato da compra.

4. **Dê-me controle.** O Cliente deve sentir-se bem, sentir que domina – em vez de ser dominado. As pessoas dispõem de uma ampla rede de opções, canais de distribuição, quantidade de produtos (em um supermercado, por exemplo, um Cliente fica exposto a cerca de 40.000 tipos de produto!) e várias possibilidades de pagamento. O excesso de informação pode deixar o Cliente inseguro. Portanto, fazê-lo sentir que tem o domínio da situação é fundamental. O consumidor deseja trilhar seu próprio caminho, conduzir a negociação ao seu modo, comprar pela cor, pelo preço ou pela marca de sua preferência. Ele decide. Evite "empurrar" algum produto ao Cliente que está "só dando uma olhadinha". O Cliente que sabe o que quer dispensa o vendedor.

5. **Guie-me.** Muitas vezes a função da empresa é ensinar, interpretar e mostrar as principais características do produto ou serviço. Isso faz com que os Clientes sintam que têm mais controle sobre suas decisões. Empresas que compartilham seus conhecimentos mostram que estão ali para ajudá-los, e não para enganá-los. A empresa pode andar lado a lado com o Cliente, orientá-lo em suas decisões, compartilhar experiências e conhecimentos em prol do consumidor. Cabe ao vendedor ser sincero, fazendo uma recomendação pessoal verdadeira.

6. **Mandamento 24/7, isto é, 24 horas, 7 dias por semana.** Conveniência e rapidez são essenciais. O tempo adquiriu uma importância extraordinária no mundo atual. Ter tempo é essencial, para todos nós, e aproveitá-lo é fundamental. O mundo 24/7 exige que as empresas encontrem caminhos que satisfaçam as necessidades de seus Clientes no maior número de canais e distribuidores. O ritmo superou a precisão. O que era inconcebível há uma geração, hoje já não é mais extraordinário. Para quem tem uma vida atribulada, 24/7 tornou-se um jeito de ser. As barreiras do tempo estão sendo continuamente quebradas. Basta verificar os fenômenos da

globalização e da internet. O mundo atual demanda organizações sem limite de paredes, telefones, tempo ou pessoas. Redefina a ideia de horário comercial. A empresa deve estar disponível para o Cliente quando ele tiver tempo, por meio de diversos canais de atendimento.

7. **Conheça-me.** Para fidelizar, é preciso conhecer. E conhecer o Cliente significa entendê-lo e acompanhá-lo para vender o produto certo no momento adequado, gerando, assim, mais satisfação. Pense em cada Cliente como se fosse o único; relacione-se com ele e crie parcerias duradouras. Entenda as motivações de seu Cliente. Ofereça a ele exatamente o que ele deseja.

8. **Supere minhas expectativas.** Agregue valor ao produto/serviço com o intuito de não só atingir, como também superar, as expectativas do consumidor. Vá além

das soluções básicas que o concorrente oferece; desenvolva diferenciações significativas, que resultem em vantagens competitivas inigualáveis. A superação de expectativas pode advir de um simples detalhe, surgido de uma análise mais profunda das preferências do consumidor. Muitas vezes as inovações não são o resultado de alta pesquisa e tecnologia aplicada, mas de uma simples atitude oriunda de um melhor entendimento do perfil e das expectativas de seu Cliente.

9. **Recompense-me.** O Cliente fiel merece ser "mimado" por meio de recompensas em razão de sua lealdade à empresa. Essas recompensas variam de brindes a "mordomias". Oferecer brindes aos Clientes significa dizer que eles têm um significado especial para a empresa e, assim, cativá-los. Afinal, é mais fácil manter um Cliente que conquistar um novo. Lembre-se de que as recompensas só fazem sentido se tiverem valor real para o Cliente. Para que os brindes surtam efeito, é importante saber das necessidades, dos desejos e das expectativas de seus Clientes fiéis.

É mais fácil manter um Cliente do que conquistar um novo. Por isso, "mime" seus Clientes fiéis.

10. **Fique ao meu lado.** Relacionamentos duradouros são construídos ao longo do tempo. Como acontece com os amigos, construir relacionamentos verdadeiros demanda dedicação, empenho, perseverança. Amizades sinceras costumam durar toda a vida. Para que isso aconteça na empresa, é preciso ter foco no pós-venda. Uma concessionária de automóveis pode construir um relacionamento duradouro a partir dos serviços prestados. O pronto atendimento durante a garantia, os serviços de manutenção, a disponibilização de veículos em caso de pane são bons exemplos de como cativar Clientes por muito mais tempo. Datas de entrega, prazos cumpridos são fatores primordiais para que o Cliente sinta que você está do lado dele. Mostre ao Cliente que ele, em sua empresa, é um rei. Faça com que todos se sintam como a maior riqueza de sua organização. O que, de fato, é verdade, pois sem Cliente não existe empresa.

Essas demandas do novo Cliente mostram que, na grande maioria das vezes, o espaço da empresa ou organização é procurado para que ele tenha a sua presença reconhecida. Quanto mais atenção e reconhecimento dispensamos ao Cliente, melhores as possibilidades de fidelização. Em suma, estamos todos em busca do prazer, não da dor. Daí a segunda chave da fidelização de Clientes: "Prazer sempre atrai".

Chave 2

Prazer sempre atrai

Por isso, associe seu produto ao prazer!

Em geral, as pessoas não saem de casa para comprar roupa nova, mas para comprar satisfação pessoal.

Buscando o prazer

Uma lei válida para todas as etnias, culturas e religiões é a seguinte:

Todo ser humano normal busca
o prazer e foge da dor.

Ao associarmos nosso produto ou serviço ao prazer, ou à solução de algum problema, ele será mais procurado e apreciado. Se for associado à dor, as pessoas se afastarão dele.

Certamente você conhece alguma pessoa chata. Lembre-se dela. O que ocorre quando você a vê do outro lado da rua? Você se esconde, entra na primeira loja, finge que não a vê e evita o contato. Sabe que, se ela o pegar na conversa, não vai largar tão fácil. Vai contar a última desgraça que aconteceu ou fazer-lhe alguma pergunta indiscreta. Enfim, você foge da pessoa chata.

Você conhece uma grande liderança, uma pessoa carismática? Lembre-se dela. O que ocorre quando você a vê do outro lado da rua? Faz questão de ir cumprimentá-la, apertar sua mão, conforme o caso, até dar aquele abraço fraternal. É um prazer estar com aquela pessoa. Ela tem sempre algo agradável a dizer. Você sabe que, depois daquele encontro, se sentirá muito melhor. Por isso, você vai ao encontro das pessoas agradáveis.

Qual das duas você preferiria que vendesse seu produto ou serviço?

Associação à dor

Nosso cérebro associa as coisas que acontecem simultaneamente. Por exemplo, eu possuía um automóvel que era um dos modelos mais caros de certa montadora. Por dois anos, funcionou muito bem. Até que, com 48 mil quilômetros rodados, a correia dentada arrebentou e foi preciso retificar o motor. Fiquei 21 dias sem carro.

Depois desse incidente passei, automaticamente, a associar aquela marca à desagradável sensação de ficar sem carro por muitos dias e ao incômodo de ter de desembolsar, de repente, uma razoável quantia para colocar o veículo em condições normais de funcionamento. Foi a primeira vez que tive de fazer retífica em motor de carro. A marca ficou, assim, associada a uma experiência desagradável.

Já havia comprado dois veículos daquela montadora que não me deram problema algum. Bastou um carro apresentar um problema sério para que eu associasse a marca ao desconforto, ao incômodo, à qualidade sofrível.

Quando troquei de carro, preferi comprar de outro fabricante. Esse comportamento representou uma fuga da dor, pois não queria aborrecimentos com o novo veículo.

Associação ao prazer

Meu amigo Flávio de Almeida, consultor empresarial, contou-me uma vivência interessante. Um de seus Clientes possui uma pequena ótica em um grande *shopping center*. Em uma das visitas ao seu Cliente, encontrou-o desesperado. Tinham aberto outra ótica, três vezes maior, bem em frente à dele. De cara, achou que estava perdido. Teria de fechar as portas. De fato, o ano tinha começado mal e ele já havia constatado uma queda de 20% nas vendas, mesmo antes da abertura da grande concorrente.

Analisando calmamente a situação, Flávio encontrou um caminho para reaquecer o negócio de seu Cliente: sugeriu que os empregados, em vez de ficarem quietos atrás do balcão, fossem para o corredor do *shopping* abordar os transeuntes, oferecendo-lhes a limpeza gratuita de seus óculos, com a seguinte pergunta: "Meu senhor (minha senhora), gostaria que eu limpasse os seus óculos com este líquido especial? É um produto novo que vai deixar suas lentes limpinhas!".

Os funcionários da ótica, com uma flanela e o líquido especial, faziam, em questão de segundos, a limpeza dos óculos da pessoa, que saía feliz da vida grata pela gentileza. Resultado: o líquido de limpeza, que antes estava praticamente parado, teve suas vendas incrivelmente aumentadas. As vendas da loja, no geral, tiveram aumento de 40% nos dois meses subsequentes, apesar da abertura da megaconcorrente.

Milagre?

Não, apenas atendimento diferenciado. As pessoas passaram a associar aquela pequena ótica ao prazer de serem bem atendidas.

As associações ocorrem com qualquer tipo de produto ou serviço. Quem precisa de uma furadeira elétrica? Ninguém. Quando uma pessoa compra uma furadeira, ela, de fato, está comprando um buraco na parede. Ela precisa pendurar um quadro, colocar um espelho, fixar um armário, por isso compra a furadeira. Enfim, não busca o produto, mas a solução que ele representa. E mais, ela compra no lugar onde a solução é oferecida de forma atenta e cortês.

Diante de tantas opções, o Cliente escolhe o lugar onde é atendido de forma atenta e cortês.

É importante que o atendimento na loja seja extraordinário. Não basta que o produto resolva o problema. A experiência da compra é fundamental.

Quando vamos a uma loja comprar roupa, usamos a desculpa de que estamos precisando de algo, uma camisa, um terno ou um vestido. Mas nosso guarda-roupa já está cheio. O que queremos é alguma coisa diferente. Queremos algo interessante, bonito, que nos faça sentir bem e parecer bem. Saímos para comprar satisfação pessoal, bem-estar. Queremos nos sentir melhor do que antes. As lojas de sucesso e as empresas de destaque sabem disso. O Cliente tem de sair mais feliz do que entrou.

Ao pensarmos em roupa, aonde vamos? A uma loja qualquer? Claro que não. Temos em mente aquela loja bonita, bem localizada, que tem um cheirinho gostoso, música ambiente agradável, onde os produtos estão bem-arrumados e o atendimento é impecável. Quem nos atende é uma pessoa que já sabe exatamente do que gostamos e que nos deixa à vontade para escolher livre e calmamente. Depois, se for preciso ajustar a roupa ao nosso tamanho, tudo é feito com rapidez e elegância. Aquela pessoa que nos atende está sempre com um sorriso nos lábios. Enfim, associamos o ato de comprar naquela loja a uma sensação agradável – de prazer – e não de dor.

Nosso cérebro percebe o ato da compra como uma experiência unificada, associando o produto ao atendimento. Portanto, para que o produto seja valorizado, o serviço precisa ser extraordinário. Esse tipo de serviço agrega valor à experiência do Cliente, que se predispõe até mesmo a pagar mais pelo mesmo produto, desde que o atendimento seja diferenciado.

Por isso, para que o vendedor obtenha os melhores resultados, é fundamental que saiba associar a sua pessoa ao sentimento de prazer.

Chave 3

Serviço chama sucesso

Portanto, associe sua pessoa ao prazer!

Uma experiência de compra em que as expectativas são superadas ficará marcada para sempre na memória do Cliente.

Superando expectativas

Além da lei do prazer, existe também outra lei, a lei do serviço, que pode ser aplicada, com êxito, em qualquer cultura, raça ou religião:

A forma mais rápida de conquistar aquilo que você deseja é ajudando outras pessoas a conseguir o que desejam.

Lembre-se de uma experiência de compra na qual suas expectativas foram superadas. Você foi até aquela loja para comprar um presente de aniversário para uma amiga. Olhou a vitrina e viu diversos tipos de perfumes e cosméticos expostos de maneira impecável. Os arranjos com folhas secas (era outono) faziam uma associação dos produtos ao frescor da natureza. A iluminação, meticulosamente planejada, realçava cada item, dando vida aos produtos.

Já do lado de fora da loja, você podia sentir o agradável aroma de fragrâncias especiais. Teve vontade de entrar, de chegar mais perto. Entrou na loja e, além de sentir com mais intensidade os deliciosos aromas, ouviu a *Pastoral*, de Beethoven, preenchendo o ambiente.

Viu que as prateleiras estavam bem-arrumadas e limpas. As cores combinavam. O piso era de cerâmica em tons harmoniosos e as prateleiras, de madeira clara e vidro, realçavam ainda mais os perfumes. A iluminação utilizava *spot lights* direcionados aos produtos, valorizando os rótulos e as cores dos frascos.

Uma vendedora elegante, cabelos bem penteados e maquiagem leve, aproximou-se perguntando se podia lhe ser útil. Usava um perfume gostoso e você quis saber o nome daquela fragrância. Ela disse que era daquela loja mesmo. Suave, delicado, mas marcante – ideal para um presente sofisticado. Além do mais, dependendo da pessoa a ser presenteada, poderia ser acompanhado de creme hidratante, xampu, condicionador e sabonete, todos na mesma essência. Nesse caso, você levaria, de cortesia, um arranjo igual ao exposto na vitrina.

Você viu o arranjo e achou irresistível. Sua amiga, realmente, merecia algo muito especial. Além do perfume, você lhe daria uma linha completa de banho, tudo embalado em um lindo arranjo. Com presteza, graça e elegância, a vendedora fez um pacote especial, ainda mais bonito que o da vitrina.

O valor da compra ficou acima do esperado. A vendedora, então, prontamente informou que poderia dividir em três vezes, sem juros, no cartão. Solicitou o endereço da pessoa a ser presenteada e ofereceu um serviço de entrega, também de cortesia. Naquela mesma tarde, sua amiga receberia, na casa dela, o presente de aniversário com uma mensagem que você lhe escreveu de próprio punho. Diante de todos esses diferenciais, você já começava a achar que o produto não era tão caro como pareceu à primeira vista. Todo o valor que foi agregado ao produto acabou por diluir a importância do preço da compra.

À noite, durante a festa, a amiga agradeceu o presente. Já havia experimentado todos os produtos e tinha escolhido usar o perfume na festa.

Esse é um exemplo de encantamento em cascata. A loja e a vendedora surpreenderam você que, então, surpreendeu a amiga. Todos saíram ganhando. A loja cativou um Cliente para sempre, e sua amiga ficou tocada com a sua atenção especial: você elevou seu conceito com ela.

Desde então, quando pensa em presentear alguém, que loja lhe vem à mente?

O processo de encantamento

Aquela experiência de compra representou, para você, uma mudança de estado. Você saiu do estado de dúvida, de incerteza, sobre qual seria a melhor forma de surpreender sua amiga. Naquela loja, pelo exímio atendimento da vendedora, você encontrou a certeza que buscava – o que lhe causou enorme satisfação.

A moça da loja soube captar a sua necessidade e colaborou para que você realizasse o seu sonho de encantamento. Você passou a associar aquela pessoa a um momento de solução, a um momento agradável.

Você se lembra de sua infância? Dos dias em que o circo chegava à cidade e seus pais lhe diziam que, no fim de semana, vocês iriam se divertir? Ver o palhaço, o mágico, os trapezistas, o domador de animais... Você associava o ingresso para o circo a uma mudança de estado.

O tempo passado no circo era de prazer, de alegria, de divertimento. Algo semelhante ocorre quando vamos às compras. Saímos para comprar algo na expectativa de nos sentirmos melhores que antes.

Saímos para comprar algo na expectativa de nos sentirmos melhores do que antes.

Fernando Marchesini, professor de *Marketing* da Fundação Getúlio Vargas, explica que, no comportamento de compra, "somente elementos que provoquem satisfação estimulam o consumo. Vantagens competitivas devem estar presentes como valores agregados ao produto". Por isso, é importante estar sempre atento às ações que extrapolem as expectativas dos Clientes.

As mulheres, muitas vezes, vão ao cabeleireiro não em busca simplesmente de um novo corte e/ou tintura de cabelo, mas à procura de uma mudança de estado. Querem passar do desânimo para o ânimo, ou da tristeza para a alegria, e um novo tipo de corte ou tintura pode proporcionar essa mudança.

O mesmo ocorre quando saímos às compras. Buscamos, com essa atividade, um novo estado de ânimo.

Quando estamos do outro lado do balcão, é fundamental mantermos elevada a motivação, algo tão importante para o *marketing* quanto o combustível para o automóvel. Sem motivação, otimismo e entusiasmo não conseguimos movimentar nosso produto e muito menos nosso serviço.

Seria uma incongruência querer vender sem motivação. As pessoas vão até o nosso espaço, até nossa loja, escritório, clínica ou consultório justamente para se sentirem melhores. Se ali não encontrarem pessoas animadas, bem-humoradas e dispostas, irão para outro lugar.

Como manter a motivação alta para poder não só atender melhor a nossos Clientes, como também superar suas expectativas? Esse é o foco do próximo capítulo.

Chave 4

Entusiasmo contagia

Portanto, mude o seu estado mental e emocional!

Empresas campeãs
se fazem com pessoas campeãs.

Não basta ser o melhor – é preciso parecer o melhor!

O entusiasmo contagia, mas o desânimo também. Alguém que se movimenta sem energia, tem preguiça até de falar e demonstra cansaço afugenta os Clientes. Não consegue vender nem pão quente de manhã, pois, como já dissemos, é próprio da natureza humana evitar as pessoas desanimadas e mal-humoradas.

O entusiasmo, no entanto, tem efeito aglutinador. Joe Girard, considerado até hoje o maior vendedor de carros da história, diz que jamais conheceu uma pessoa de destaque que não fosse entusiasmada. Os campeões de venda têm um brilho diferente no olhar. São otimistas ao extremo. Vivem em constante expectativa positiva.

Outro grande vendedor e autor de livros sobre vendas, Zig Ziglar, ressalta que é necessário ter uma autoimagem de campeão para ter sucesso em vendas. Uma autoimagem elevada não é privilégio de poucos, você e eu podemos, também, aumentar nossa autoimagem e, consequentemente, nossa autoestima. Temos a nosso dispor um equipamento sofisticadíssimo de valor incalculável, nosso cérebro, que pode encontrar soluções criativas para as situações mais desafiadoras. Isso pode e deve nos fazer sentir extremamente motivados para vender.

Antônio Cláudio, vice-presidente da Localiza, concorda com Zig Ziglar e diz que empresas campeãs se fazem com pessoas campeãs. Essas pessoas têm algo extraordinário que ele chama de DNA: Diferença Na Atitude. Os componentes desse DNA são os seguintes: otimismo, eficiência, simpatia, superação, busca da excelência, determinação, competitividade, foco em resultados, cordialidade, zelo, alegria, trabalho, diversão, agilidade, cooperação, simplicidade, sorriso, sinceridade, ética, organização, pontualidade, garra, empatia com o Cliente, participação, energia, dinamismo e entusiasmo. Pessoas de DNA com esses componentes gostam de desafios, encantam Clientes e sabem da importância fundamental que a apresentação tem em nosso estado de ânimo. Vendedores vendem melhor quando apresentam aparência mais bem cuidada: os homens, de gravata; as mulheres, bem penteadas e maquiadas.

Por maior e mais importante que seja uma empresa, a primeira impressão quem passa é a pessoa que está diretamente em contato com o Cliente, seja balconista, secretária ou comissária(o) de bordo.

Essa pessoa é responsável por passar uma imagem de otimismo, entusiasmo, alegria, sucesso. Vá até o espelho mais próximo. Qual é a imagem que você está passando? De ser uma pessoa bem-sucedida? De ser alguém que adora o que faz? De ser alguém que tem orgulho de sua empresa, de seu produto, de seu trabalho?

E como é que você escolhe se vestir? Como um campeão ou como um derrotado? Dependendo da forma como você se veste, já passará para si mesmo e para os outros uma definição de quem você é!

César Frazão, no excelente livro *Show em Vendas* (editora HARBRA), garante que a aparência bem cuidada é fundamental para quem trabalha em vendas. Além da atenção com as roupas, deve-se cuidar das unhas (sempre limpas e aparadas), dos cabelos (cortados e penteados) e procurar manter a pele saudável. Os homens devem usar uma loção de barba ou água-de-colônia suave e as mulheres, perfumes também suaves e tomar cuidado para não exagerar na maquiagem.

Frazão dá algumas dicas para se apresentar bem.

Para as mulheres:

- Não use saias ou decotes ousados e provocantes.
- Seja cautelosa com os acessórios e a maquiagem.
- Se for usar sandálias, que sejam do tipo mais discreto possível.
- Prefira cores neutras ou tons pastel em suas roupas, calçados e esmaltes.
- Mantenha as unhas bem tratadas e pintadas.

Para os homens:

- Não invente: as combinações clássicas são as melhores para o mundo dos negócios.
- Tenha várias camisas brancas e azuis.
- Para não errar, ternos azuis e pretos.
- Pelo menos dois pares de sapatos bem engraxados.
- Nada de gravatas do Piu-Piu ou do Mickey.

Quando estamos bem-vestidos, nos sentimos bem. Naturalmente buscamos por palavras positivas e pensamentos otimistas, o que tem um efeito organizador dentro de nós mesmos. Nossas ações seguem essa tendência, e nos tornamos mais atenciosos e animados com tudo e com todos.

Saúde – força por trás do sucesso em vendas!

O vestuário, porém, tem efeito parcial se a saúde não está boa. Uma boa saúde depende de quatro fatores fundamentais: respiração profunda, alimentação saudável, exercício físico e relaxamento.

Respirar é algo tão natural que, às vezes, não nos lembramos de fazê-lo corretamente. Uma boa respiração tem efeito animador em todo o nosso organismo: levamos oxigênio para as células e ativamos o sistema linfático (parte importante do sistema imunológico do organismo), auxiliando na eliminação de impurezas e toxinas.

Inspire profundamente pelo nariz. Segure o ar, enquanto conta até 4. Expire pela boca e conte até 2. Reinicie o processo três vezes seguidas. Faça isso sempre que se lembrar ou, no mínimo, três vezes ao dia.

Use esse método de respiração para se acalmar quando estiver agitado. Lembre-se: as pessoas agitadas passam insegurança e afugentam Clientes.

Alimente-se de forma saudável. Não deixe de consumir frutas, verduras e sucos. Esses são alimentos ricos em água e vitaminas.

Os carboidratos (massas, arroz, batatas, cereais etc.) e as proteínas (carne vermelha, frango, peixe etc.) devem ser misturados às verduras. Essa combinação facilita a digestão, ao passo que a mistura de carboidratos com proteínas (massas e carnes, pão e presunto, batata e bife etc.) tende a dificultar a digestão.

Além da alimentação saudável, para manter o pique é necessária uma boa dose de exercício físico. Você se exercita diariamente? Faz caminhada, pratica algum esporte, frequenta academia? Observe a aparência das pessoas que se exercitam regularmente. Observe a postura delas e a forma com que se movimentam. Em geral, as pessoas que se exercitam com regularidade possuem melhor tônus muscular e se movimentam com mais leveza e agilidade. Isso tudo contribui para uma melhor aparência.

Se você é do tipo sedentário, eis alguns benefícios do exercício físico: queima calorias, diminui a possibilidade de doenças do coração, ajusta o metabolismo, fortalece músculos e ossos, reforça o sistema imunológico, reduz as possibilidades de câncer, além de ser um antídoto contra a depressão e a tristeza, melhora o humor, diminui a ansiedade e reforça a energia pessoal.

Finalmente, para manter uma boa saúde, faça relaxamento. Procure relaxar, principalmente após o almoço. Es-

colha um local agradável, uma sala tranquila, ou mesmo um parque (se houver algum por perto de seu local de trabalho), acomode-se, respire profundamente e acalme a mente. Imagine que o ar que você respira chega a cada uma de suas células, levando saúde, energia, vigor e paz de espírito. Ao soltar o ar pela boca, imagine que está liberando os medos, as tensões, as preocupações e as inseguranças.

Relaxe por meia hora antes de recomeçar suas atividades. Faça dessa prática um hábito, pois o relaxamento diminui o estresse e a fadiga, facilita o trabalho do coração e aumenta nossa resistência às doenças (resfriados, dores de cabeça e de garganta, problemas pulmonares etc.). As pesquisas (Ornstein & Sobel, 1990) mostram que o relaxamento após o almoço pode diminuir em até 30% o risco de ataque cardíaco.

Lembre-se: alimentação e hábitos saudáveis, além de prolongar sua vida, vão melhorar, e muito, sua aparência.

Nosso estado físico, nossa apresentação pessoal, nossas atitudes, palavras e ações são facilmente perceptíveis pelas outras pessoas. Porém, o que sustenta tudo isso são nossos pensamentos, nosso mundo interior.

O poder do foco mental

O estado de otimismo, de entusiasmo e de alegria se origina em nossa mente. Está em nosso foco mental.

Para produzirmos esse estado de excelência no pensar, no falar e no agir, é importante gerenciar bem o nosso foco mental. Em que você está pensando neste exato momento? Provavelmente em como irá melhorar ainda mais sua disposição e no aprimoramento de sua apresentação pessoal. Isto é, você está com um foco mental altamente positivo. É justamente esse foco que transforma suas feições, atitudes, palavras e comportamentos.

O foco mental positivo tem extraordinária influência em nossas atitudes e fisiologia em geral. Para ser positivo, esse foco deve contemplar eventos de sucesso do passado ou visualizações de conquistas futuras.

Contemple um evento de sucesso do passado. Entre no túnel do tempo e revisite os melhores momentos de sua vida. Aqueles momentos nos quais se sentiu uma pessoa muito especial. Momentos nos quais sentiu que, realmente, a vida valia a pena. Momentos em que conseguiu realizar algo que queria muito, mas achava pouco provável que conseguisse. E você conseguiu! Talvez você esteja agora contemplando o nascimento de seu primeiro filho, ou se lembre daquele ano em que pensava que iria ser reprovado, mas passou, ou esteja relembrando de quando, finalmente, conseguiu tirar a carteira de motorista, ou passar no vestibular, ou realizar uma grande venda.

Lembranças agradáveis estimulam a produção de endorfina, substância que transforma nosso humor. Se antes estávamos desanimados, nos animamos; se tristes, nos alegramos; se estávamos com medo, adquirimos mais coragem. Só de pensar em momentos de vitória, podemos mudar o nosso estado de espírito. É justamente essa mudança de humor que contagia os Clientes e facilita a venda. Mude agora.

Dentre essas lembranças agradáveis, escolha a que mais mexeu com você, que mais toca seu coração de forma altamente positiva.

Lembre-se de onde você estava. Como era o ambiente? Empresa ou casa? Fechado ou ao ar livre? Quem estava com você? Qual é a imagem mais forte em sua mente? De todas as coisas que viu, qual é a que lhe toca mais profundamente?

Lembre-se do que falou para si próprio: "Puxa, eu finalmente consegui! Obrigado, meu Deus!"; "Isso era tudo o que eu queria!". Lembre-se do que uma pessoa muito importante lhe disse: "Você é realmente muito especial. Parabéns!"; "Você superou as minhas expectativas!"; "Você é um campeão!". Talvez naquele dia tenha escutado sua canção favorita. De tudo o que ouviu, escolha a palavra ou a frase mais forte e mentalize-a.

Lembre-se da sensação de vitória, de realização, de conquista! Aumente a intensidade dessas emoções. Talvez se lembre também de algo que comeu ou bebeu para comemorar aquele momento agradável. Talvez ainda se lembre de um aroma especial no ar. De todas as sensações, qual é a mais importante? Qual delas faz com que o sangue ferva em suas veias?

Agora você está de posse de três marcadores extremamente importantes: uma imagem que mexeu com você, uma palavra ou frase forte e uma sensação fenomenal. Ao juntar essas três percepções em sua mente, você consegue uma incrível mudança de estado e começa a se sentir melhor do que antes.

Deu para sentir a importância do foco?

Orelha esquerda: chave do poder!

Agora que está superanimado(a), lembrando-se daquela poderosa imagem, escutando algo sensacional e sentindo imensa realização pessoal, segure firmemente sua orelha esquerda entre o polegar e o indicador da mão esquerda. Faça uma massagem energética.

À medida que você massageia sua orelha esquerda com a mão esquerda, está ancorando o evento. Está produzindo uma conexão neurofisiológica entre aquela lembrança agradável e o toque na orelha.

Como nosso sistema nervoso é parecido com um computador, a massagem na orelha passa a significar "momento de força emocional" para seu cérebro. É como se você, ao tocar a orelha, estivesse clicando com o *mouse* no ícone de um arquivo. O arquivo, nesse caso, se chama "momento de força emocional". Ao ser acessado, libera endorfina e você, imediatamente, passa a se sentir mais animado.

Crie âncoras neurofisiológicas e prepare-se emocionalmente para ter maior sucesso em vendas.

A âncora neurofisiológica poderia ser em outra parte do corpo, como uma massagem no dedo mínimo da mão esquerda, por exemplo. Sugiro que seja na orelha esquerda porque é um toque discreto, e a orelha é mais sensível que o dedo.

Assim, sempre que precisar de mais ânimo, mais energia, antes de se encontrar com um Cliente, faça essa massagem e verá como seu estado vai melhorar. Como a âncora já foi estabelecida, empilhe âncora sobre âncora. Todas as vezes que ocorrer algo extremamente agradável, faça a massagem. Assim, você fortalece a conexão com seu cérebro.

Note bem que, ao melhorar seu estado de humor, automaticamente você melhora seu desempenho. Independentemente da atividade em questão, o comportamento é função do estado. Estados de alegria, entusiasmo e amor pela vida influenciam nossas ações, que, por sua vez, transformam o mundo para melhor.

Efeito Pigmaleão

Conta uma antiga lenda grega que Pigmaleão era um exímio escultor. Conseguiu talhar na pedra bruta uma imagem de mulher tão linda que desejou esposá-la. Mesmo sendo uma ideia absurda, jamais desistia de pedir aos deuses que transformassem sua bela escultura em uma mulher de carne e osso. Passaram-se os dias, os meses e os anos, e Pigmaleão mantinha-se firme na expectativa de que, um dia, sua estátua se transformaria em uma mulher. Tal foi sua determinação que os deuses se compadeceram dele e atenderam ao seu pedido.

O efeito Pigmaleão foi constatado nas escolas. A expectativa dos professores com relação aos alunos tende a se materializar. Por mero engano, uma turma de alunos "lentos" foi classificada como de superdotados; uma de superdotados, como de "lentos". No final do semestre foi observada uma considerável melhoria no desempenho dos chamados "lentos" e um declínio no desempenho dos superdotados.

O mesmo fenômeno foi constatado na indústria. Um grupo de trabalhadores normais foi designado para uma tarefa especial, e informou-se ao técnico encarregado que eram os melhores da empresa. Esse grupo de trabalhadores "normais" teve desempenho muito superior à média. A única diferença era a expectativa do encarregado.

Pesquisas realizadas por Ron Markin e Charles Lillis, autores do artigo *Sales managers get what they expect* (Revista *Business Horizons*, 1975), demonstraram que gerentes de vendas com altas expectativas em relação a seus vendedores normalmente conseguem melhores resultados que gerentes com baixas expectativas. O princípio básico é o seguinte: "As pessoas frequentemente se tornam o que esperamos delas".

Um planejamento baseado em expectativas elevadas de vendas pode desencadear o efeito Pigmaleão nas pessoas e na empresa. Quando planejamos conquistas significativas, estamos indiretamente enviando a seguinte mensagem para nosso cérebro e para o de nossos colaboradores: "Eu confio em mim e em minha equipe, pois somos extremamente competentes!".

Visualização positiva e expectativa de sucesso

Assim como a lembrança de fatos agradáveis do passado melhora nosso desempenho, projeções de conquistas futuras também têm efeito tonificante no cérebro. Nesse caso, criamos uma visualização positiva do que queremos viver no futuro.

As boas lembranças nos fazem bem em todos os sentidos. De forma semelhante, a visualização ou o planejamento de conquistas futuras fortalece nosso espírito. Procure viver sempre com expectativas positivas a respeito do futuro. Por isso, é importante que suas metas sejam ambiciosas. Objetivos poderosos levam a grandes realizações. Isso é ilustrado de forma leve e gostosa no livro *Faça diferente, faça a diferença* (Editora Record), de Rodrigo Cardoso. Estabeleça objetivos de campeão e você se tornará, também, um campeão!

Por isso, visualize com o máximo de detalhes as suas próximas ações, visando aumentos significativos de vendas. Visualize um atendimento espetacular para cada Cliente. Imagine o que você vai falar para si mesmo e para a sua equipe de vendas. Faça de conta que está ouvindo elogios de colaboradores e Clientes. Antecipe as agradáveis sensações de ter superado as suas metas de vendas.

Viva sempre com a expectativa de dias melhores. Se, por um momento, desanimar, leia o trecho do poema *Momento de reflexão*, de Carlos Drummond de Andrade:

Não importa onde você parou...
em que momento da vida você cansou...
o que importa é que sempre é possível
e necessário recomeçar.

Recomeçar é dar uma nova chance a si mesmo,
é renovar as esperanças na vida e,
o mais importante...
acreditar em você de novo.

(...)

Acreditou que tudo estava perdido?
Era o início de uma melhora...
Onde você quer chegar? Ir alto?
Sonhe alto...

queira o melhor do melhor...
Se pensarmos pequeno...
coisas pequenas teremos...
Mas se desejarmos fortemente o melhor
e principalmente lutarmos pelo melhor...
o melhor vai se instalar em nossa vida.
Porque sou do tamanho daquilo que vejo,
e não do tamanho da minha altura.

Volte ao trabalho com energia redobrada e passe para o Cliente a impressão de que a venda já está feita. A sua linguagem verbal (conteúdo da conversa) e não verbal (brilho nos olhos, expressões faciais, tom de voz etc.) deve ser a de uma pessoa que já concluiu aquela venda. Mesmo antes de acontecer, você já dá a entender que é isso que aconteceu: "Você vai pagar com cheque, cartão ou dinheiro?"; "Quer que mande entregar em sua casa ou em sua empresa?"; "Quer que eu faça um embrulho para presente?".

A sua convicção é tal que passa para o Cliente a certeza de que comprar de você é sempre a melhor alternativa.

A conclusão da venda não marca o fim do processo.

Como evitar o remorso pós-compra

Depois que o Cliente comprou, é necessário manter essa certeza para evitar o que é chamado em inglês de *buyer's remorse*, isto é, remorso do comprador. Depois que já vendeu o produto, principalmente quando se trata de um produto ou serviço de valor alto, como, por exemplo, um automóvel, um apartamento, um pacote de viagem ao exterior etc., é sempre interessante puxar mais conversa com o Cliente.

A conclusão da venda não marca o fim do processo. Pelo contrário, é o começo do que poderá ser um longo e proveitoso relacionamento para ambas as partes. Por isso, não devemos nos despedir afoitamente de nosso Cliente, logo depois que ele efetuou uma compra vultosa. Se o Cliente, após a transação, mencionar se levantar e sair, tente: "Mas por que tanta pressa?"; "Vamos tomar um café, um suco, uma água, fazer um lanche!"; "O que você acha da atual situação econômica do país? (ou algo parecido)". Caso conheça algum outro membro da família ou um amigo do Cliente, diga: "Dê um abraço no Gustavo para mim e peça a ele para vir aqui tomar um café com a gente!".

Com esses comentários você dá oportunidade à pessoa de se expressar sobre um assunto diferente do negócio que acaba de ser fechado. Depois que a pessoa já falou um pouco, faça um comentário final: "Eu estou sempre procurando melhorar nosso atendimento e serviço a nossos Clientes. Por isso, quero lhe fazer uma pergunta muito importante para a nossa empresa. Quais foram as razões pelas quais você escolheu comprar seu automóvel conosco?".

Esse é o melhor momento, porque a pessoa vai se sentir livre para elogiar seu negócio e dizer como foi bem atendida. Ela reforçará a decisão que ela mesma fez de comprar de você. Depois de tantas declarações positivas a respeito de sua conduta como vendedor e da qualidade do atendimento de sua empresa, fica mais difícil aparecer o remorso pós-compra naquele Cliente.

Até aqui abordamos como sua aparência, seu entusiasmo e otimismo têm influência no desempenho, e este, por sua vez, tem um impacto decisivo no estado de humor do Cliente. Outro fator de fundamental importância no estado mental e emocional do Cliente é o ambiente da loja, clínica, do escritório ou restaurante. Essa chave lhe será entregue a seguir.

Chave 5

Cliente quer atenção

Portanto, seja a
alegria do cliente!

A busca da excelência na fidelização passa pela checagem multissensorial.

Importância do ambiente

Walt Disney trabalhava com afinco em seus parques para que o ambiente tivesse efeitos significativos no estado das pessoas. Dizia aos seus arquitetos: "Vocês podem criar à vontade, mas eu quero que as pessoas saiam daqui felizes".

Na Disneylândia criou um brinquedo chamado Piratas do Caribe. Ele queria que a cidade fosse uma réplica de Nova Orleans, EUA. Queria que as pessoas se sentissem como se estivessem lá.

Para isso imitou a arquitetura colonial da parte antiga da cidade e construiu postes de iluminação semelhantes aos de Nova Orleans. Montou restaurantes oferecendo as comidas típicas de lá para que as pessoas sentissem o aroma característico. Também contratou músicos para tocar *jazz* nos bares. Com isso, Disney conseguiu recriar algo muito parecido com a atmosfera reinante naquela cidade.

Mas ainda não estava satisfeito. Sentia que faltava algo. Ainda não estava se sentindo como se estivesse em Nova Orleans. Pediu opiniões de pessoas que conheciam a cidade e todos diziam que o ambiente estava muito parecido, que realmente lembrava muito a cidade no verão. Mesmo assim não se contentou, até que certo dia um de seus colaboradores, que já tinha vivido naquela cidade, deu uma sugestão: "No verão, em Nova Orleans, vemos vaga-lumes por toda parte".

Disney mandou vir milhares desses insetos e os distribuiu naquela área. Assim, finalmente, chegou à conclusão de que o visitante se sentiria como se estivesse em Nova Orleans.

A esse processo de busca da excelência em suas realizações, Disney chamou de checagem multissensorial. Por que multissensorial? Porque envolve todos os sentidos: visão, audição, tato (sensação), olfato e paladar. Uma vez no ambiente, todos os sentidos ficam orientados para um tipo de experiência, naquele caso, sentir-se em Nova Orleans.

Quando estive em Disney World fiquei encantado com a experiência dentro da atração *Spaceship Earth*, no Epcot Center. Trata-se de uma bola gigantesca dentro da qual passeei, de trenzinho, pela evolução da humanidade. Vivenciei a pré-história, a Idade Média, o Renascentismo, a Revolução Industrial até chegar à era espacial.

CARLA CASTIGLIA GONZAGA

O que mais me impressionou naquele passeio foi a atmosfera da Idade Média, um ambiente que tinha cheiro de livros queimados, além de imagens e sons que aludiam a acontecimentos daquele período, tido como uma era de perseguições e preconceitos.

Isso demonstra que a atmosfera do ambiente pode nos fazer sentir bem, animados, alegres, otimistas ou tristes, desanimados, amedrontados. Enfim, o ambiente exerce um importante efeito sobre nosso estado de espírito. Tanto que, recentemente, os japoneses passaram a colocar aroma de canela no sistema de ar-condicionado de alguns prédios empresariais. A essência de canela tem efeito estimulante sobre o sistema nervoso. O mesmo efeito parece ser produzido pela essência de eucalipto, usada nas saunas.

Como é o ambiente no qual você recebe seus Clientes?

Quais são as sensações que deseja que eles sintam?

Qual é o aroma predominante?

O ambiente está sempre impecavelmente limpo e arrumado?

Quais as cores ideais para o seu tipo de negócio?

Que tipo de iluminação deve ser usada?

Caberia o uso de música ambiente?

O ambiente transpira congruência entre o que o Cliente vê, ouve e sente?

Depois de verificado o ambiente, pergunte-se sobre o atendimento que você e sua empresa estão oferecendo aos Clientes.

Os "7 segredos Disney" da fidelização

No meu livro *Paixão por marketing* (Editora Souki House) apresento um resumo dos "7 segredos Disney" da fidelização, que Tom Conellan explica em sua obra *Nos bastidores da Disney* (Editora Futura). Vamos a eles:

CARLA CASTIGLIA GONZAGA

1. **Concorrente é qualquer empresa com a qual o Cliente compara a sua:** Os Clientes tendem a comparar cada transação que fazem com a sua empresa com as transações que já fizeram com outras empresas. Eles comparam o atendimento ao telefone, o processamento de seus pedidos, a rapidez da entrega etc. Da mesma forma, os Clientes internos também comparam a sua empresa com as outras nas quais já trabalharam. Para você aprimorar o seu processo de fidelização, deve buscar fazer com que a experiência do Cliente interno seja tão agradável quanto a experiência do Cliente externo. Quando o Cliente interno conseguir um nível de satisfação elevado dentro de sua empresa, ele passará essa satisfação no atendimento diferenciado que dará ao Cliente externo.

Todas as noites, os postes ornamentais da Disney World são repintados.

2. **Fantástica atenção aos detalhes:** Atenção aos detalhes é uma parte essencial da cultura da Disney. Os postes ornamentais são repintados todas as noites. A tarefa se inicia de acordo com a temperatura e a umidade do ar, para que a tinta já esteja seca no horário de abertura do parque. Na pintura do Castelo de Cinderela, uma das filhas da madrasta de Cinderela está "verde de inveja" e a outra, "vermelha de raiva", exatamente como descrito nos filmes e livros de Disney. Pela manhã, os Clientes, que são chamados de convidados, escutam uma música rápida, estimulante e alegre. No final da tarde, a música é mais calma, e, ao anoitecer, quando todos se despedem de Disney World, a música é suave, convidando ao sono.

3. **Todos mostram entusiasmo:** Do estacionamento às bilheterias vai-se de trenzinho. Depois de se sentar, a primeira coisa que se escuta é: "Você está prestes a chegar ao lugar mais mágico do planeta". Essa é uma pro-

posta audaciosa. E Disney consegue cumpri-la. Os convidados, como são chamados os Clientes da Disney, têm, em média, 60 oportunidades de contato com os membros do elenco (denominação dada aos funcionários Disney). Cada um desses momentos deve ser transformado em uma experiência mágica. Os membros do elenco param imediatamente o que estiverem fazendo se virem um convidado precisando de ajuda. O encantamento é tal que as pessoas, enquanto estão no parque, parecem mais amáveis, mais satisfeitas e mais solidárias do que quando estão do lado de fora.

CARLA CASTIGLIA GONZAGA

Aproveite para pensar em sua empresa. Toda vez que um Cliente entra em contato com sua empresa, você tem uma oportunidade de criar um valor adicional – principalmente na forma de atendimento diferenciado. Aproveite essa oportunidade e aumentará suas possibilidades de fidelização. Não a desperdice! Passe esse espírito de serviço ao Cliente para todos os seus funcionários.

O espírito Disney de serviço ao Cliente é incutido nos membros do elenco via treinamentos intensivos. O mais importante desses treinamentos tem o nome de *Traditions* porque é aí que o espírito Disney é gravado nas mentes e nos corações de todos aqueles que trabalham no parque. Durante os treinamentos fica bem claro que quem manda na Disney é o Cliente, o convidado. Para ilustrar o que acontece na Disney, cabe lembrar um pensamento do filósofo americano Ralph Waldo Emerson: "Aquilo que você faz ressoa tão forte em minha cabeça que não consigo ouvir o que você diz".

4. **Tudo mostra entusiasmo:** Existe na Disney uma montagem que mostra os presidentes americanos em movimento. São bonecos que se movimentam por um processo chamado *animatronics*. As roupas dos primeiros presidentes são feitas de tecidos produzidos de acordo com a tecnologia da época. A costura é executada manualmente, como era feito antigamente. Perto do castelo da Cinderela, a pintura do carrossel é de ouro 23 quilates. Os convidados talvez não percebam isso, mas os membros do elenco têm – nesses detalhes – uma lembrança constante do valor que é dado ao Cliente da Disney.

Cada área possui decoração característica, aí incluídas as latas de lixo, carrinhos de pipoca, bancos para os convidados etc. Membros do elenco com roupas da Frontierland jamais são vistos passeando pela Fantasyland. A Disney que o convidado vê é apenas o segundo andar. Embaixo do parque existe um enorme túnel, que permite aos membros do elenco saírem dos vestiários e se dirigirem a seus postos sem serem vistos.

CARLA CASTIGLIA GONZAGA

Por esse túnel passa toda a distribuição de alimentos e mercadorias, e a saída do lixo. Está equipado com vestiário central, lanchonete, salas de descanso, barbearia e escadas de acesso a todas as áreas do Magic Kingdom. Na Disney World não há limites na tentativa de produzir magia no atendimento ao Cliente. O cartão de visita dos membros do elenco diz, logo abaixo do nome, *Gerente de Atendimento ao Cliente.*

É justamente devido a esses detalhes que 33 milhões de pessoas visitam o parque anualmente e 70% retornam. Isso se chama fidelização!

5. **Múltiplos pontos de escuta:** A Disney possui uma equipe de superanfitriões (*Super Greeters*), cujo papel é garantir a satisfação dos convidados. Eles são chamados imediatamente se alguma atração tiver de ser paralisada. Usam *laptops* e digitam – na hora – as opiniões dos convidados. O programa que usam utiliza os personagens Disney para formular as perguntas. Os superanfitriões simplesmente digitam as respostas.

   Em média, 900 pessoas são entrevistadas diariamente e o objetivo é atingir **100%** de satisfação do Cliente. Para isso, membros do elenco que trabalham no mesmo lugar, e no mesmo turno, fazem autoavaliação diária em uma escala de zero a dez. E todo membro do elenco tem autonomia para acomodar situações especiais.

   Por exemplo, uma mulher discutia com o marido em uma longa fila de espera em um restaurante. Ele lhe explicava que não havia se lembrado de fazer a reserva. Mas ela não queria desculpas, pois aquele era o dia do aniversário de casamento deles. Ao escutar a conversa, um membro do elenco convidou o casal para adiantar-se para o primeiro lugar da fila. Explicou às outras pessoas do que se tratava e todos concordaram que aquele casal tinha direito a um tratamento especial. Com isso o membro do elenco conseguiu cativar um casal de Clientes para sempre!

Uma amostragem de convidados, após a visita, recebe em casa um questionário com o formato da cabeça do Mickey. Além dessa pesquisa de opinião, o telefone também é utilizado para verificar o grau de satisfação do Cliente e para pedir sugestões para futuras melhorias. Dessa forma, o parque está em constante renovação – outro ponto que fortalece o processo de fidelização. Os convidados sabem que sempre encontrarão na Disney algo novo.

CARLA CASTIGLIA GONZAGA

6. **Recompensa, reconhecimento e comemoração:** A Disney possui um sistema de reconhecimento aos membros do elenco. Os gerentes lhes entregam cartões chamados *Guest Service Fanatic* (Fanático pelo Atendimento ao Cliente). Esses cartões dão direito à participação em

concursos, nos quais são sorteados aparelhos eletrodomésticos e viagens.

Além disso, as cartas elogiosas são colocadas em quadros de avisos e representam uma oportunidade de mostrar reconhecimento ao membro do elenco que se destacou. Abrem um espaço para constante comemoração.

A proporção de *feedback* na Disney é de três positivos para cada negativo. Antes de chamar a atenção de um membro do elenco por algo que não fez bem, o supervisor deverá elogiá-lo por três coisas que fez bem.

Um membro do elenco pode indicar outro colega para receber o *Spirit of Disney Award* (Prêmio Espírito Disney). Ao presenciar uma atitude nobre por parte de outro membro, ele pode sugerir que seu colega ganhe o prêmio: um crachá de prata.

Veja o exemplo a seguir: Um membro do elenco observou uma mulher sentada em um banco, debaixo de uma chuva torrencial. Não entendeu o que se passava e foi perguntar-lhe se podia ajudá-la. Ela lhe explicou que tinha machucado o pé e estava impossibilitada de sair do lugar. O membro do elenco providenciou um guarda-chuva e chamou uma enfermeira. O problema foi solucionado e um colega, que presenciou o fato, sugeriu que ele ganhasse o troféu *Spirit of Disney Award.*

7. **Todas as pessoas são importantes:** Para obter um bom trabalho de equipe e incrementar a fidelidade dos Clientes é preciso derrubar as paredes que separam os diferentes departamentos da empresa. Todos devem estar empenhados em prestar um serviço de excelência que supere as expectativas mais elevadas. A fidelização não pode ficar a cargo de apenas um departamento. É responsabilidade de todos (vendas, contabilidade, expedição etc.).

Na Disney, um dos fatores que incrementam o compromisso com a empresa é que os membros do elenco podem fazer de tudo no próprio parque. Podem, por exemplo, renovar a carteira de motorista, fazer testes médicos, enviar cartas, arrumar ou cortar o cabelo, comprar sapatos.

Para os membros do elenco é fornecido o cartão de identidade do Pato Donald. Esse cartão lhes garante descontos em restaurantes, cinemas, concertos de música e eventos esportivos.

Quando toda a empresa opera como um só organismo, tende a projetar uma imagem de vencedora.

A Disney respira fidelização. A empresa gira em torno da ideia de produzir magia constante no atendimento ao Cliente. Quando toda a empresa opera como um só organismo, tende a projetar uma imagem de empresa vencedora.

Os 10 mandamentos da fidelização Localiza

Cada vez que um Cliente Localiza gasta R$ 300 com locação de veículo, ganha um ponto no programa fidelidade e, a cada dez pontos, ganha uma locação grátis (bônus). Quando a reserva é feita pela internet, o Cliente também ganha um ponto. Até 19 de março de 2006, a empresa já havia distribuído 93.000 bônus. Em 6 anos o programa fidelidade conseguiu atrair 850.000 participantes. Para focar sua equipe na satisfação total do Cliente, Cristina Pinto, gerente do Programa Fidelidade Localiza, criou os 10 mandamentos da fidelização:

1. **Amar o Cliente:** Parece algo simples e é, realmente, muito simples. Mas não é fácil. Muitas vezes o trato com as pessoas é um verdadeiro desafio. É necessário cultivar o amor pelos semelhantes para manter a calma em certos momentos. O Cliente pode estar irritado, cansado, triste ou depressivo, e vai até a sua loja, escritório ou clínica, justamente em busca de consolo para a alma. O produto ou serviço que ele procura é apenas uma desculpa para aliviar seu sofrimento e faz parte do momento que ele está vivendo (que também pode ser de alegria, satisfação ou conquista). Quando você entende esse aspecto da compra e dá a atenção que o Cliente merece, tem início o processo de fidelização.
2. **Sorrir com o Cliente:** Uma revista promocional da rede de hotéis Pestana mostra o porteiro à entrada do Pes-

tana Palace, em Lisboa. A foto é acompanhada de um texto explicativo: "O primeiro rosto que vemos é sorridente e deixa antever que a simpatia é, a par da beleza do palácio, uma das virtudes do hotel". Na fotografia vemos um senhor sorridente, vestido a rigor. Nome: Manuel Branco. Idade: 91 anos (2004). Trabalha no hotel há 23 anos.

"A sua cortesia natural mostra que não precisa esforçar-se muito para ser agradável com os Clientes. Mas, por ser o primeiro rosto que os visitantes do hotel veem quando aqui chegam, procura ser sempre o mais simpático e cortês possível, pois, conforme relata, 'é a imagem do hotel que está em causa'. Quais foram as pessoas importantes que já visitaram o hotel? Manuel Branco responde, sem hesitar: 'Todas as pessoas que entram no Pestana Palace são importantes'."

3. **Ouvir o Cliente:** Alguns vendedores passam a impressão de que, para vender, é preciso falar muito. Na realidade, ouvir é mais importante que falar. Ouça primeiro, e com atenção, para saber exatamente como melhor servir ao seu Cliente. Lembre-se do símbolo máximo da Disney, o Mickey Mouse. O que mais aparece no Mickey são as orelhas.

   Em geral, na pressa de sair fazendo as coisas, não escutamos o Cliente inteiramente. Escutamos pela metade e interpretamos a outra metade e, muitas vezes, errado. Se tiver dúvidas a respeito do que o Cliente quer, pergunte. A pessoa se sente valorizada quando você demonstra interesse pelos seus desejos e necessidades.

   Repita o que foi que você entendeu: "Pelo que eu entendi, o senhor está procurando um terno azul-claro, para uma festa de casamento, que será realizada durante o dia, ao ar livre. Deseja um tecido leve e um modelo menos formal, pois estamos em pleno verão. É isso mesmo?".

4. **Ser paciente, simpático e amigo:** Algumas vezes você mostra os produtos que tem disponíveis – e a variedade é enorme –, mas não exatamente o que o Cliente queria. Mantenha a calma e seja simpático da mesma forma. Mesmo que você não tenha o artigo procurado pelo seu Cliente, seja cortês, pois ele vai se lembrar disso da próxima vez que precisar de seus produtos ou serviços. Se souber, indique onde ele pode encontrar exatamente o que está procurando.

   Outras vezes, o Cliente apresenta alguma reclamação sobre o produto que você lhe vendeu ou sobre o serviço prestado. Uma regra básica que funciona na maioria dos casos é concordar com ele. Ao concordar com o Cliente, você retira a intensidade emocional da situação: "Sim, o senhor tem razão, no seu lugar, eu também ficaria chateado. O que posso fazer para consertar esse engano?". O importante é que nós, que representamos a organização naquele momento, nos coloquemos no lugar do outro.

Se o Cliente vem à empresa fazer uma reclamação, tenha como regra básica: concordar com ele.

Muitas vezes o processo de fidelização se consolida, justamente, nesses momentos. O Cliente vem reclamar, mas lá no fundo acha que sua solicitação não será atendida. Quando encontra uma pessoa disposta a resolver o problema, fica tão grato que vai querer comprar mais naquela loja.

5. **Estar sempre pronto a ajudar:** Mandei lavar meu carro no posto e solicitei ao frentista que colocasse gasolina no tanque. Paguei a conta com um cartão e saí rapidamente para um compromisso de palestra na Cemig, em Contagem, MG. A alguns quarteirões do posto, verifiquei que o tanque continuava com pouca gasolina. O marcador estaria estragado? Era uma possibilidade remota, pois era um carro novo. Não podia retornar ao posto. Se o fizesse, iria me atrasar para o compromisso. Continuei em direção a Contagem, pois a gasolina que tinha era o suficiente para ir e voltar.

   Liguei para minha secretária e pedi-lhe que fosse até o posto, que se encontra a uma quadra e meia de meu escritório. O frentista disse que pensava que tinha colocado gasolina no tanque, mas que, se houvesse algo de errado, reporiam a gasolina. Terminado o meu compromisso, fui até o posto. A gerente me atendeu com um sorriso nos lábios e imediatamente repôs a gasolina pela qual eu havia pago. Disse ainda que eu era um Cliente idôneo e que jamais questionaria minha palavra. Estava aí iniciado um processo firme de fidelização.

   A disposição do pessoal do posto em ajudar me cativou profundamente. Além da comodidade do posto estar perto, posso contar com a boa vontade de seus funcionários.

6. **Promover e fortalecer o relacionamento com o Cliente:** Em 2001, recebi do Comandante Rolim uma carta dizendo que havia distribuído mais de 1 milhão de convites aos Clientes do Programa Fidelidade TAM. O programa estava em operação havia 7 anos. Rolim falava de sua satisfação em inaugurar o serviço de atendimento *on-line*, pelo qual o Cliente poderia consultar voos, efetuar reservas e comprar bilhetes com rapidez, sem precisar se deslocar ou efetuar ligações telefônicas.

   Da Localiza chegou uma carta, assinada por Cristina Pinto, com o Guia Localiza – Roteiros de Praias. Na carta, Cristina dizia que o Guia Localiza era uma forma de reconhecer e recompensar Clientes especiais. Do Hotel Le Meridien recebi correspondência com o Moments Card, cartão que dá direito, de acordo com a pontuação acumulada, a hospedagem grátis e *upgrades*. Além das promoções, o impresso trouxe uma pitada de filosofia: "O sucesso é uma ciência: se você conseguir as condições necessárias, terá os resultados desejados" (Oscar Wilde).

Em uma agência do Banco do Brasil, recolhi o folheto do Programa de Relacionamento. Quanto mais o Cliente se relaciona com o banco, mais acumula pontos. Por exemplo, para cada ano de relacionamento ganha 1 ponto. Se recebe seu salário na conta, ganha 3 pontos; se tem poupança, recebe 1 ponto para cada R$ 120,00; e assim por diante. Quanto mais pontos o Cliente acumula, mais descontos recebe nas taxas do banco e menores são os juros na conta especial e no cartão.

Essas comunicações são exemplos de fortalecimento do relacionamento com o Cliente. É fundamental estar próximo ao Cliente por meio de correspondência e correio eletrônico. Criei um sistema de mensagens, via internet, chamado "A Solução Otimista" – uma mensagem semanal que leva histórias de otimismo, fé, entusiasmo e alegria de viver aos meus Clientes e amigos. Essas mensagens têm tido enorme receptividade e aumentado o interesse de nossos Clientes pelos nossos treinamentos e livros.

7. **Surpreender o Cliente:** Quando as pessoas voltam dos parques Disney, em geral, não dizem "eu vi o Mickey". Isso é o esperado. O que elas comentam é a limpeza do parque, a atenção e a alegria dos funcionários – sempre prontos a servir –, a música alegre, o ambiente de festa, a organização, o respeito a horários etc. O foco no serviço é tal que, se a pessoa não consegue achar seu carro no estacionamento, a equipe Disney, pelo horário em que a pessoa entrou, consegue localizá-lo. Se a bateria descarregou, funcionários sempre atentos estarão lá com o equipamento necessário para fazer o carro pegar.

   São as coisas não esperadas que nos surpreendem. Ao chegar ao Hotel Caesar Park, em Fortaleza, enquanto eu fazia meu *check in*, um funcionário me ofereceu um copo de água de coco, cortesia do hotel. Ao entrar em meu quarto no Castro's Hotel, em Goiânia, já tarde da noite, notei que havia, em cima da mesa, um prato com uma deliciosa seleção de frutas frescas e um cartão de boas-vindas assinado pela gerente.

Você está superando as expectativas de seus Clientes?

8. **Reconhecer e valorizar o Cliente:** Ao observar seu Cliente você pode concluir algumas coisas sobre os valores e estilo de vida dele. Por exemplo, se à sua concessionária de automóveis chegar uma Cliente trajando roupas e joias caras, você já tem uma ideia do tipo de carro que vai preferir. Da mesma forma, se você vende perfumes e cosméticos já pode ter uma noção do que ela provavelmente vai escolher.

   Mas é importante observar que há necessidade de muito tato nessa avaliação, pois muitas vezes as aparências enganam: pessoas de aparência simples podem ter gostos mais rebuscados para automóveis e o contrário também pode ser verdadeiro.

No caso de você visitar o Cliente para oferecer serviços ou produtos, poderá prestar atenção na decoração do escritório ou da residência. Pinturas originais, de pintores reconhecidos, são uma clara demonstração de que a pessoa está disposta a investir liberalmente em coisas que valoriza. Fotos da esposa e dos filhos mostram que a pessoa valoriza seus relacionamentos familiares. Certos detalhes, que muitas vezes passam despercebidos, podem dar uma boa ideia do perfil de seu Cliente.

Atente aos detalhes para construir um bom perfil de seu Cliente.

Ao comentar positivamente sobre as coisas que seu Cliente valoriza, você aumenta a harmonia do relacionamento. Em contrapartida, a pessoa se sente mais à vontade para abrir seu coração e dizer-lhe mais sobre sua forma de ser. Entendendo melhor seu Cliente, você pode oferecer algo que realmente lhe agrade.

9. **Ser eficiente:** Hoje não é o grande que come o pequeno, mas o mais rápido que engole o lento. As pessoas estão acostumadas à rapidez da internet, onde tudo ocorre em tempo real. Querem coisas boas, bons serviços, tudo o mais rápido possível. Enfim, as pessoas querem qualidade e agilidade.

   Daí a importância de oferecer mais autonomia aos colaboradores para que possam solucionar rapidamente as questões levantadas pelos Clientes. Quanto maior a autonomia na ponta do sistema, mais ágil o serviço. Quando tudo que precisa ser resolvido deve ser aprovado pelo gerente ou dono da empresa, o serviço perde em qualidade e agilidade.

10. **Perseguir incansavelmente a fidelidade do Cliente:** O primeiro passo para fidelizar um Cliente é, sem dúvida, fazer a primeira venda. Mas podemos encontrar objeções. Como encarar as objeções?

É mais fácil lidar com um Cliente que expressa suas objeções do que com aquele que simplesmente se cala. Quando o Cliente, depois de tudo o que lhe foi mostrado e dito sobre o produto, o serviço e a empresa, não expressa suas dúvidas, é um indício de falta de interesse.

Mas se o Cliente se motiva a expressar suas objeções, isso quer dizer que há interesse. Quer dizer que está interessado pelo produto ou serviço, mas que ainda não foi totalmente convencido. As objeções são sinais importantes que, quando tratadas com propriedade, levam à decisão de compra.

Pode ocorrer também que a pessoa crie desculpas para encobrir aquilo que realmente a está impedindo de comprar nossos serviços. Nesse caso, apresentam algumas razões para sua indecisão pela compra, mas não a verdadeira. Como saber se ela está realmente falando a verdade?

Após ter dado uma boa explicação sobre o ponto de objeção, observe a pessoa. Se ela, mesmo depois de sua explicação, não demonstrar interesse, isso quer dizer que a objeção é falsa. Outra demonstração de objeções falsas é quando o Cliente lista uma série de objeções desconexas.

Faça perguntas que possam revelar o que realmente está preocupando seu Cliente em potencial. Mas jamais discuta com ele. Se você se antagonizar com o Cliente, perde a venda. Pode até discordar de seu Cliente, mas busque sempre os pontos de concordância e os enfatize. Respeito, eficiência e superação no atendimento ao Cliente devem ser soberanos. Somente agindo assim caminharemos rumo à fidelização de nossos Clientes!

Como lidar com objeções

Joe Girard, em sua brilhante carreira de vendedor de carros, diz que as objeções mais frequentes que encontrava eram as seguintes:

1. "Não tenho dinheiro para comprar esse produto"; "Seu preço está muito alto"; "Isso é mais do que eu quero gastar"; "Eu posso conseguir esse produto por muito menos".

   Nesses casos, pode-se estudar uma forma de abaixar o preço ou de oferecer um financiamento. Porém, não se pode descartar a hipótese de não termos oferecido razões convincentes de que o nosso produto ou serviço tem um valor extraordinário, de que estamos oferecendo algo de qualidade insuperável. Portanto, esteja sempre preparado para sanar quaisquer dúvidas que possam aparecer relativas à qualidade do carro, da roupa, do eletrodoméstico, do pacote de viagens, do aluguel de carros, do plano de seguros ou do treinamento que você está oferecendo.

É mais fácil explicar por que um produto é mais caro do que justificar a qualidade inferior.

O Comandante Rolim dizia que é mais fácil explicar um preço alto do que pedir desculpas por qualidade inferior. Por isso, é importante associar nosso nome a produtos e serviços de qualidade. Isso facilita muito nossa argumentação e nosso relacionamento com o Cliente. Enfim, aumenta a nossa credibilidade que, em última análise, é a essência da fidelização.

Quando a pessoa realmente deseja um item de consumo ou um serviço, ela, em geral, encontra uma forma de adquiri-lo.

Outra forma interessante de diluir a objeção relativa ao preço é dividir o total em termos de custo mensal, semanal e até diário. Se você vende automóveis, por exemplo, pegue o preço do carro e o divida por 365 (os dias do ano) e você poderá dizer ao seu Cliente o quão pouco ele pagará por dia pelo seu carro novo.

2. "Vou conversar com minha esposa"; "Vou ver com meu contador"; "Vou trocar ideias com meu advogado".

Para evitar esse tipo de desculpa, é importante, antes de sua visita, solicitar ao Cliente em potencial que convide as pessoas que estarão envolvidas no processo de decisão de compra. Quando fazemos essa solicitação, é provável que ela responda: "Eu sou a pessoa que decide". Nesse caso, é apropriado dizer: "Sr. Oliveira, é um prazer tratar com uma pessoa que tem a habilidade de tomar decisões sem a necessidade de fazer consultas a terceiros".

Essa é uma forma polida de estimular o futuro Cliente a decidir pela compra durante uma reunião de negócios.

3. O Cliente em potencial diz que tem algum conhecido que vende o mesmo produto ou que trabalha com o mesmo tipo de serviço: "Eu tenho um amigo que vende esses produtos"; "Meu cunhado também tem uma agência de viagens"; "Minha sogra abriu uma loja de roupas"; "Meu vizinho é corretor de imóveis".

A pergunta que nos devemos fazer nesses casos é a seguinte: "Será que ele está mais interessado em fazer negócios com os amigos e parentes do que fazer o que é melhor para si próprio?". Em geral, as pessoas preferem melhorar sua qualidade de vida por meio da compra de produtos e serviços de qualidade do que comprar apenas para ajudar os outros.

A resposta para essa objeção poderá se basear no seguinte argumento: "Dona Marta, entendo como a senhora se sente com relação a sua amiga (ou parente), mas, com certeza, irá concordar comigo que ninguém é dono absoluto da verdade (faça uma pequena pausa e depois continue). O que mais me interessa é tê-la como parceira de negócios e ser seu consultor de vendas. Às vezes, aparecem oportunidades de negócios que nem a senhora nem suas outras fontes de referência identificaram ainda. O que a sua amiga (ou parente) e eu temos em comum é o propósito de ajudá-la a adquirir o melhor imóvel pelo menor preço do mercado".

4. "Deixe o material de informação comigo e ligarei depois."

Nesse caso, em vez de entregar material informativo sobre o que você está vendendo, seja um computador ou um pacote de viagens, é preferível agir como se a compra já tivesse sido feita e dizer o seguinte: "Claro que, assim que a senhora tiver decidido pela compra, lhe encaminharei o material informativo para que possa mostrar a seus familiares as características avançadas do modelo que está levando para casa (ou os detalhes desta viagem encantada que acabou de adquirir)".

Com esse procedimento é possível evitar que o Cliente deixe para depois sua decisão de compra. Depois dessa explicação, é necessário fornecer mais razões pelas quais a pessoa deve, naquele momento, comprar o computador ou decidir por aquela viagem de turismo. Para isso, é importante enfatizar as características que mais atraíram a atenção do Cliente, enquanto você mostrava o produto ou serviço. Também, de igual importância, é falar sobre as condições especiais que podem ser oferecidas hoje e que, amanhã, podem não estar mais disponíveis, assim como os termos de financiamento.

5. "Não quero comprar o seu produto porque..."

Nesse caso, a pessoa explica exatamente o que está interferindo na decisão de compra. Por isso, é necessário ter à mão soluções para o problema que o Cliente apresenta. "Não quero comprar esse computador porque a impressora que você me ofereceu não é tão rápida como a impressora X da loja tal." Essa objeção pode ser atendida de forma relativamente simples: "Quer dizer que, se eu conseguir uma impressora mais rápida, o senhor compra o computador?". A questão fica então nas mãos do vendedor.

"Não quero participar desse grupo de excursão porque ele tem muita gente." Resposta: "Quer dizer que, se eu conseguir um grupo menor, a senhora decidirá viajar conosco?".

6. "Não estou achando nem talão de cheque, nem cartão de crédito, nem dinheiro em minha pasta. Esqueci tudo em casa."

Vamos supor que você já investiu uma hora com seu Cliente. Mostrou catálogos, fotos e o vídeo promocional daquele pacote de viagens pelo Caribe. Já conversou sobre os pormenores da viagem, os documentos necessários etc. Ele está pronto para assinar o contrato, mas esqueceu o talão de cheques e o cartão de crédito. Após esse investimento de tempo e energia, você vai deixar que ele saia da loja sem assinar o contrato de compra? Depois que o Cliente sai da sua loja, ou de sua esfera de influência, as possibilidades de retorno são pequenas, portanto, faça tudo para que o negócio seja consumado. Para essas ocasiões é apropriado desenvolver o seguinte argumento junto ao Cliente: "Eu também já, várias vezes, saí de casa despreparado, sem um tostão no bolso. De fato, o senhor não precisa de dinheiro. A sua palavra, para mim, é o que vale. Isso não vai impedi-lo de efetuar a compra agora. Pode assinar aqui o contrato, sem precisar pagar a entrada neste momento. Dessa forma, o senhor garante a sua participação e a de sua família na viagem de seus sonhos. Amanhã, o senhor passa em nossa loja e efetua o pagamento".

Ao mesmo tempo, faça com que o Cliente perceba que você está depositando total confiança nele. Em geral, as pessoas desejam ser merecedoras de nosso crédito, de nossa confiança.

7. "Não vou comprar agora. Quero pensar mais sobre isso."

Com esse tipo de resposta, a pessoa demonstra insegurança e indecisão. Não quer arriscar tomar uma decisão que não seja a mais adequada. Se soubesse que comprar seu produto ou serviço era a coisa certa a fazer, ela compraria.

As pessoas costumam deixar para amanhã apenas as decisões que não têm a confiança de tomar hoje. Portanto, a função do vendedor, nessa situação, é passar mais confiança, mais credibilidade.

Muitas vezes a indecisão do comprador é apenas um reflexo da falta de segurança do vendedor. Por isso, é fundamental que o vendedor esteja sempre com a autoestima elevada e que acredite no produto ou serviço que está vendendo. Essa fé, essa confiança que você tem naquilo que está fazendo, irradia para as outras pessoas.

A indecisão do comprador pode ser reflexo da insegurança do vendedor.

Portanto, é fundamental que você trabalhe com produtos ou serviços nos quais acredita. É essencial que use o que está vendendo. Se vende carros de determinada montadora, não deve circular com veículos de outra marca. Se trabalha para determinada locadora de veículos, não deve alugar carros da concorrência. Se vende cosméticos e perfumes de uma marca, a melhor promoção é usá-los diariamente. O mesmo é válido para joias e roupas e todo tipo de produtos e serviços. Use sempre aquilo que vende.

Para os indecisos, você pode dizer o seguinte: "Antônio, pelo que conversamos, você está consciente de todas as vantagens que esse pacote de viagens oferece a você e a sua família. É a viagem do sonho de vocês, não é? E a forma de pagamento é a mais suave que encontramos. Você está realmente tomando a decisão certa. É um excelente negócio. Não há motivo para não assinar o contrato hoje mesmo". Observe-o atentamente. Dependendo de sua análise, conclua (com muita simpatia e delicadeza): "Só deixarei você sair daqui se já estiver com as passagens na mão. Assine aqui e já providenciarei as passagens e os *vouchers* dos hotéis".

Esse tipo de abordagem, gentil, mas firme, costuma funcionar com os indecisos. Na realidade, eles desejam comprar, mas precisam de um empurrãozinho extra.

A importância do entusiasmo

Vibre com a empresa em que trabalha, ou mude de empresa. A ação de vender é facilitada quando a pessoa demonstra entusiasmo sincero pela marca para a qual trabalha. Esse entusiasmo e essa energia passam confiança e credibilidade, que, por sua vez, irão contagiar o Cliente e facilitar a opção pela sua marca.

Observe dois vendedores. Ambos apresentam o produto do mesmo modo. Como é que um vende muito mais que o outro, se ambos estão dizendo a mesma coisa? O motivo é que um deles passa energia positiva, confiança, entusiasmo e excelente disposição, enquanto o outro, às vezes sem querer, ou perceber, demonstra que não está tão animado assim, que, para ele, tanto faz se a pessoa comprar ou não. A linguagem corporal e a tonalidade da voz chegam a ser responsáveis por 93 por cento do impacto da comunicação. Portanto, mais importante do que belas palavras é a forma como são ditas.

Conscientize-se de que uma das funções do vendedor é ajudar os Clientes. Portanto, você deve estar sempre atento às seguintes tarefas:

1. **Informação do benefício.** Informe, com precisão, a seus Clientes como eles podem se beneficiar com o uso dos produtos ou serviços que você está vendendo. Tenha sempre essas informações na ponta da língua e demonstre entusiasmo ao passá-las para o Cliente.
2. **Explicação do valor.** Esclareça que sua marca oferece o melhor custo/benefício do mercado. Ajude o Cliente a escolher o produto mais apropriado à condição dele.
3. **Oferecer serviço abundante.** Esteja sempre disposto a oferecer informações adicionais, assim como a enviar catálogos informativos. Telefone para o Cliente, alguns dias após a compra, para saber sobre o nível de satisfação dele com a marca. Procure saber o dia do aniversário do Cliente e mande cartão comemorativo. Dependendo do produto ou serviço, recomenda-se enviar brindes em ocasiões especiais.

Chave 6

Vender é compreender

Portanto, navegue dentro
do mapa do cliente!

Quando o Cliente se sente compreendido, você aumenta as chances de vender.

Jamais discuta com o Cliente

O que as pessoas mais querem é estar com a razão naquilo que dizem e fazem. Além disso, desejam ser compreendidas. Portanto, jamais discuta com um Cliente a respeito de qualquer coisa que seja. A discussão leva ao antagonismo, o que elimina as chances de venda.

O que fazer se você torce pelo Palmeiras, e seu Cliente, pelo Corinthians? Ou se você é atleticano "doente" e seu Cliente é cruzeirense? Ou você é Flamengo e seu Cliente é Fluminense? Você não quer abrir mão de sua lealdade ao seu clube favorito, mas também não deseja perder uma venda.

Caso adote uma postura radical e critique, mesmo que de brincadeira, o time do outro, está pondo em risco o seu relacionamento comercial. O time pelo qual torcemos pode estar atravessando uma fase difícil. Nada melhor para cativar um torcedor de um time adversário do que reconhecer a fragilidade de nosso próprio time: "O meu time também já teve fases melhores".

Sem comprometer a lealdade com a sua equipe favorita, você, agindo dessa forma, demonstra que não é fanático e que reconhece e valoriza outros times de futebol. Seu Cliente, que não torce pelo seu time, ficará, assim, mais à vontade para iniciar um relacionamento comercial com você.

E com relação à política? Independentemente de sua preferência partidária, é melhor não misturar negócios com política. Mas, se a pessoa insiste, uma boa maneira de se posicionar, de forma simpática, é encontrar alguma qualidade no candidato de seu Cliente, mesmo que não vá votar no candidato dele.

Quando eu morava nos Estados Unidos, houve uma disputa presidencial da qual participava Ronald Reagan. Eu não votaria nele, mas para as pessoas que o aprovavam eu dizia algo que lhes agradava: "Eu admiro a forma física, o bom humor e o otimismo de seu candidato". O que, além de ser verdade, evitava discussões inúteis.

Postura semelhante também se aplica às objeções dos Clientes. Se, de repente, você diz que eles estão errados, você os irrita. Mesmo que a pessoa esteja enganada, não convém dizer-lhe isso. Uma forma mais elegante e mais polida é, simplesmente, repetir o que ela disse e explicar a outra face da moeda. A pessoa diz: "Duvido que esses pneus que você está vendendo suportem o trabalho em meu sítio". Você responde: "Quer dizer que o senhor acredita que nossos pneus não aguentarão o trabalho que sua camionete executa na fazenda? Já foram realizados vários testes com nossos pneus de cinturão especial e eles provaram que, justamente para esse tipo de trabalho, são os ideais. É por isso que as seguintes empresas (tenha à mão uma lista de seus principais Clientes) estão agora dando preferência a nossos produtos". Agindo dessa forma, você não disse que a pessoa estava errada. Apenas tirou uma dúvida que ela levantou.

Para poder rebater os questionamentos e as possíveis objeções dos Clientes, é necessário que você, além de conhecer bem os serviços e os produtos que vende, esteja disponível para atender com excelência o Cliente.

Quando está atendendo um Cliente, desligue seu celular e peça à secretária que anote as chamadas que tiver. Não permita que interrompam enquanto você está conversando com ele. Qualquer desatenção poderá sinalizar que ele não é tão importante para você.

Se for possível, procure atender seus Clientes com hora marcada. Quando informa seu Cliente que costuma trabalhar assim e explica que o seu objetivo é atendê-lo cada vez melhor, ele se sentirá valorizado e sua credibilidade aumentará. Agindo dessa forma, você cria um ambiente no qual dedica atenção máxima ao Cliente e diminui as possibilidades de não entender bem ou não escutar atentamente o que ele está lhe dizendo.

Lembre-se sempre de que seu Cliente é a razão de seu negócio, portanto, ele merece ser compreendido. E quando ele se sente compreendido, você aumenta suas chances de vender.

Entrando em *rapport* com seu Cliente

Rapport é o que você sente quando uma pessoa se interessa por tudo aquilo que você tem a dizer. Enfim, *rapport* é quando o outro está em total sintonia com você.

Todos queremos ser compreendidos, mas são raras as pessoas que estão com disposição e tempo para entender os outros. Aqueles que estão dispostos a entender também ganham mais facilmente a atenção e a preferência de seus Clientes e são recompensados com boas vendas.

Assim como você gosta de ser compreendido, o seu Cliente também se sente valorizado quando você faz de tudo para compreendê-lo.

O seu objetivo, no mundo das vendas, é identificar o que o Cliente deseja e o que é importante para ele. Para realizar a venda, você busca combinar a necessidade, o desejo, os critérios de compra e as prioridades do Cliente com o produto ou serviço que está oferecendo.

No mundo das vendas, é essencial identificar o que o Cliente deseja e o que é importante para ele.

Compreendendo o mapa do Cliente

Cada pessoa representa o mundo de forma diferente, isto é, cada uma faz seu próprio mapa do território onde vive. Por exemplo, lembre-se da sua última venda bem-sucedida. Como você traz para sua mente essas recordações agradáveis? Você primeiro vê as imagens da situação, ou primeiro escuta o que foi que o Cliente falou, ou, ainda, primeiro sente a sensação gostosa do dever cumprido?

O mapa da situação é construído invariavelmente por meio de imagens, sons e sensações, isto é, usamos nossos sentidos para construí-lo. O que muda é a ordem de prioridade. Para algumas pessoas, a visão vem primeiro; para outras, a audição; ou, ainda, o paladar, o tato ou o olfato.

Dependendo do estímulo priorizado, classificamos as pessoas como visuais, auditivas ou sinestésicas.

Clientes visuais, auditivos e sinestésicos

Os visuais favorecem palavras como ver, olhar, enxergar, vislumbrar, brilhante, visão, cenário, perspectiva etc. Podem usar frases como: "Estou vendo que você é uma pessoa confiável"; "Você tem uma variedade maior de cores e modelos?"; "Desejo ver um vídeo desse lugar para decidir se é, realmente, legal!".

- *Expressões tipicamente visuais:* "As perspectivas são brilhantes"; "Não há sombra de dúvidas"; "Vejo o que você quer"; "Nosso foco de hoje é a questão seguinte".

Os auditivos preferem usar palavras como soar, tonalidade, dizer, perguntar, contar, ouvir etc. Utilizam frases como: "Isso não me soa muito bem"; "Vou ouvir o que minha esposa tem a dizer"; "Algo me diz que essa viagem será muito interessante"; "Desejo conversar com alguém que já comprou de você!".

- *Expressões tipicamente auditivas:* "Estou escutando com atenção"; "Por assim dizer"; "Quem disse isso?"; "Estou ouvindo meus pensamentos".

Os sinestésicos escolhem, naturalmente, palavras como experimentar, sentir, provar, emocionar, firme, textura, tocar, gosto etc.: "Foi bom que você tocou nesse assunto"; "Antes de comprar, desejo fazer o *test-drive*"; "Posso provar primeiro?"; "Quero sentir a textura desse sofá"; "Desejo experimentar esse produto antes de comprar!".

- *Expressões tipicamente sinestésicas:* "Preciso sentir mais firmeza"; "Isso não está me cheirando bem"; "Vamos construir uma base sólida para lançar essa campanha"; "Sempre que você toca nesse assunto, sinto um frio na barriga".

Como vender de acordo com o mapa do Cliente

Ao escutar atentamente as pessoas, você descobre qual é a dimensão dominante do mapa delas. Pode ser a visual, a auditiva ou a sinestésica. Dependendo da preferência da pessoa, você irá carregar mais nas palavras que usa com mais frequência.

Simples, não é? De fato, é simples e, para fazer isso com naturalidade, é importante praticar com afinco. Para os visuais você pode dizer: "Você vai adorar o estilo arrojado de nosso novo modelo"; "Venha ver os lindos padrões de cores que acabaram de chegar"; "A arquitetura clássica desta residência jamais vai sair de moda".

Já os auditivos preferem frases como: "Nossos Clientes ligam para dizer que estão muito satisfeitos com este produto"; "Este bairro é muito sossegado"; "Quase não se escuta o motor deste carro"; "Se quiser, pode telefonar para alguns Clientes que compraram nossos produtos".

Os sinestésicos se sentirão melhor com expressões como: "Sente-se e sinta o conforto do estofamento deste carro"; "Experimente um pedaço deste bolo"; "Sinta o aroma das rosas no jardim desta casa"; "Escolhemos sempre os hotéis mais confortáveis em nossos pacotes turísticos".

Ao priorizar imagens para os visuais, sons para os auditivos e sensações para os sinestésicos, estamos aumentando o nosso *rapport* com nossos Clientes. As pessoas entendem melhor e se sentem mais à vontade com aqueles que falam do jeito que elas gostam.

Qual é a sua modalidade de comunicação favorita?

Para entender melhor essas modalidades de comunicação, faça o teste que se segue e você descobrirá como atua. Assim, ficará mais fácil entender seu Cliente. Marque as frases que melhor se ajustam ao seu comportamento. Ao final de cada tabela, some cada uma das marcas e depois compare os totais.

Lista de avaliação de preferência

ORIENTAÇÃO VISUAL

1	Quando não tenho nada para fazer à noite, gosto de ver televisão.
2	Uso imagens visuais para me lembrar de nomes de pessoas.
3	Gosto de ler livros e revistas.
4	Prefiro receber instruções por escrito.
5	Escrevo listas das coisas que tenho de fazer.
6	Sigo rigorosamente as receitas quando estou cozinhando.
7	Consigo montar miniaturas e brinquedos com facilidade se seguir as instruções escritas.
8	Gosto de jogos do tipo quebra-cabeça.
9	Cuido muito da minha aparência.
10	Gosto de ir a exposições de arte e a museus.
11	Mantenho uma agenda onde registro o que faço.
12	Em geral gosto das fotografias e dos trabalhos artísticos utilizados em publicidade.
13	Escrevo resumos de todos os pontos pertinentes ao estudar para uma prova.
14	Consigo localizar-me com facilidade em uma cidade nova se eu tiver um mapa.
15	Sempre gosto de manter a minha casa com a aparência limpa.
16	Todos os meses assisto a dois ou mais filmes.
17	Não tenho boa impressão de alguém se ele não estiver bem-vestido.
18	Gosto de observar as pessoas.
19	Sempre mando consertar o mais rápido possível os arranhões do meu carro.
20	Acho que flores frescas realmente embelezam a casa e o escritório.
	Total de pontos para a Orientação Visual.

ORIENTAÇÃO AUDITIVA	
1	Gosto de ouvir música quando não tenho nada para fazer à noite.
2	Para lembrar o nome de alguém, eu o repito várias vezes para mim mesmo.
3	Gosto de longas conversas.
4	Prefiro que o meu chefe me explique algo oralmente.
5	Gosto de programas de variedades e de entrevistas no rádio e na televisão.
6	Uso rimas para me lembrar de coisas.
7	Sou bom ouvinte.
8	Prefiro saber das notícias pelo rádio.
9	Converso bastante comigo mesmo.
10	Prefiro ouvir uma fita cassete sobre determinado assunto.
11	Sinto-me mal quando o meu carro faz um barulho estranho.
12	Posso dizer muito sobre alguém somente pelo tom de sua voz.
13	Compro muitos CDs, discos e fitas gravadas.
14	Preparo-me para um teste lendo as minhas anotações em voz alta ou estudando com outras pessoas.
15	Prefiro fazer uma palestra sobre determinado assunto a escrever um artigo sobre o mesmo tema.
16	Gosto de assistir a concertos e a apresentações musicais em geral.
17	As pessoas, às vezes, dizem que falo demais.
18	Quando estou em uma cidade estranha, gosto de parar em um posto de gasolina para pedir informações.
19	Converso com o meu cão ou gato.
20	Converso em voz alta comigo mesmo quando estou resolvendo um problema de matemática.
	Total de pontos para a Orientação Auditiva.

ORIENTAÇÃO SINESTÉSICA

1	Gosto de fazer exercícios físicos.
2	Quando estou com os olhos vendados, consigo distinguir os objetos pelo tato.
3	Quando ouço música, não consigo deixar de batucar com os pés.
4	Gosto de estar ao ar livre.
5	Tenho boa coordenação motora.
6	Tenho tendência a ganhar peso.
7	Compro certas roupas porque gosto do toque do tecido.
8	Gosto de criar animais de estimação.
9	Toco nas pessoas quando estou conversando com elas.
10	Quando estava aprendendo a datilografar, aprendi rapidamente o sistema de toques.
11	Quando era criança, fui muito carregado no colo e tocado.
12	Aprecio mais praticar do que assistir a esportes.
13	Gosto de tomar um banho quente no fim do dia.
14	Eu realmente gosto de ser massageado.
15	Sou um bom dançarino.
16	Não consigo viver sem frequentar uma academia de ginástica ou um spa.
17	Gosto de levantar e me espreguiçar com frequência.
18	Posso dizer muito sobre determinada pessoa simplesmente pelo modo com que ela aperta as minhas mãos.
19	Se eu tiver tido um dia ruim, meu corpo fica muito tenso.
20	Gosto de fazer artesanato, trabalhos manuais e construir objetos.
	Total de pontos para a Orientação Sinestésica.

Fonte: MOINE, D.; HERD, J. *Modernas técnicas de persuasão.* São Paulo: Summus, 1988.

Modele a voz e a fisiologia de seu Cliente

Outra forma de penetrar no mapa do Cliente é modelar a velocidade da voz. Em geral, os visuais falam mais rápido. Com eles, acelere um pouco. Os auditivos usam uma velocidade moderada de voz. Procure falar nem muito rápido nem muito devagar com os auditivos. Já os sinestésicos falam acariciando as palavras. Com eles, fale mais devagar. Uma regra infalível é falar na velocidade que a pessoa prefere. Quando ela fala rápido, fale um pouco mais rápido. Se fala vagarosamente, diminua o ritmo.

Finalmente, é importante modelar a fisiologia do Cliente. Adote postura semelhante à de seu Cliente, isto é, se ele estiver sentado, assente-se; se ele ficar de pé, fique de pé. Se ele tem feições mais sérias, adote postura mais circunspecta. Se for uma pessoa mais aberta, fique também mais à vontade.

Portanto, um aumento de harmonia no relacionamento com o Cliente pode ser criado quando respeitamos seus valores e suas crenças, quando falamos em sua linguagem preferencial e quando modelamos sua postura e suas atitudes.

A modelagem pode incluir os tipos de personalidade. O perfil de seu Cliente pode ser decisivo, emotivo, cooperativo ou analista. Para cada um deles, é recomendada uma postura específica.

Clientes decisivos, emotivos, cooperativos e analistas

Esses modelos de personalidade são baseados no método de segmentação de Ray Leone, citado no livro *Planeta Vendas*, de Leonardo Motta, Editora Xisyz.

Clientes decisivos são aqueles que sabem o que querem. São independentes, práticos, organizados e exigentes.

Gostam de decidir. Portanto, a palavra final será sempre deles. Podem até pedir opinião, mas eles é que tomam a iniciativa.

- *Palavras que definem o decisivo:* direcionado, confiante, aventureiro, seguro, desafiador, incansável, competitivo, assertivo, experimentador e rigoroso.

Os emotivos gostam de se comunicar. São carismáticos, engraçados e influenciáveis. Na roda de amigos, são referência. Adoram receber elogios e gostam de se relacionar. Podem se dar bem como vendedores e professores. Gostam de palco e de aplausos.

- *Palavras que definem o emotivo:* influente, otimista, entusiasmado, aberto, impulsivo, persuasivo, falador, charmoso e sensível.

Clientes cooperativos são polidos, atenciosos, flexíveis e fáceis de fidelizar. São honestos ao emitirem suas opiniões e não gostam de mudanças. Valorizam marcas tradicionais.

- *Alguns conceitos que definem a personalidade do cooperativo:* estável, deliberado, previsível, paciente, equilibrado, protetor, acomodado, modesto, de fácil convivência e sincero.

Os analistas são organizados e incansáveis. Estão em busca do menor preço. São extremamente práticos e não compram por impulso. Sabem como empregar bem o seu dinheiro.

- *Características principais do analista:* cuidadoso, contido, lógico, analítico, preciso, contestador, curioso, educado, consistente, perfeccionista.

Como vender para os Clientes decisivos?

O decisivo tende a ser dominador, tem poder de decisão, aprecia a rapidez, chega a ser até impaciente, pode aparentar certa frieza e detesta ser criticado. Por isso, ao lidar com o decisivo, evite dizer aquilo que ele deve fazer ou melindrá-lo com algum comentário pouco elogioso. Não o desafie nem lhe imponha prazos. As decisões devem partir dele.

- *O que deseja o Cliente decisivo?*

  Demonstrar que tem poder e autoridade, sentir-se livre para decidir, buscar desafios pessoais e resultados rápidos.

- *Como vender para o decisivo?*

  Ir direto ao ponto, sem delongas e estar sempre focado em resultados. Busque minimizar o receio que esse tipo de Cliente tem de ser enganado. Demonstre confiança em você e em seu produto ou serviço. Esteja preparado para lidar com os desafios que irá lhe apresentar e procure oferecer alternativas. Mostre que você é competente naquilo que faz, para que ele o respeite.

Em resumo, seja conciso, confiante e use argumentação racional, técnica e concreta.

Como vender para os Clientes emotivos?

A vida para o emotivo é uma festa. Ele é naturalmente entusiasmado e otimista. Assim como o decisivo, gosta das coisas "para ontem". Pode até ser desorganizado e tende a ser generalista, isto é, não gosta de perder tempo com detalhes. Também como o decisivo, gosta de desafios e quase sempre é um comunicador habilidoso.

Ao lidar com o emotivo, evite falar sobre coisas negativas e entrar em conflito com ele.

- *O que deseja o Cliente emotivo?*

  Ser socialmente reconhecido e elogiado. Deseja prestígio e divertimento, autoridade e desafios.

- *Como vender para o emotivo?*

  Torne-se amigo dele. Use a sua inteligência emocional, pois, ao contrário do decisivo, é mais movido pela emoção do que pela razão. Procure citar referências de pessoas que ele admira e que possam exercer alguma influência sobre ele. Minimize os detalhes e fale sobre generalidades. Foque a floresta, e não as árvores.

Torne a compra uma atividade divertida e leve. Não desperdice seu tempo nem o dele falando muito sobre garantias. Ele está mais preocupado em viver o presente.

Enfatize os pontos inovadores do produto ou serviço e mostre o avanço tecnológico nele embutido. Comprando o seu artigo, ele se dirigirá para o futuro e irá se destacar da multidão. Lembre-se de que o emotivo adora ter o seu ego massageado. Por meio do elogio você pode fazer com que ele goste de você. Permita que ele faça interrupções em sua apresentação, pois ele gosta de falar.

Em suma, a venda para ele deve ser algo leve e divertida, amigável, feita com prazer, entusiasmo e otimismo.

Para Clientes diferentes,
posturas diferentes.

Como vender para os Clientes cooperativos?

Os cooperativos gostam de trabalhar em equipe e buscam segurança naquilo que fazem. Não gostam de mudanças súbitas e valorizam a família e as amizades antigas. Ao contrário dos decisivos e emotivos, não têm pressa em se decidir e tendem a deixar as coisas para depois.

Evite mudar de postura ou opinião e valorize a cooperação em vez da competição. Embora a conciliação seja uma habilidade fundamental com todos os tipos de Cliente, é particularmente importante no caso de você estar lidando com os cooperativos. O mesmo se dá para o caso da sinceridade. Evite também ser agressivo ou invasivo durante a sua apresentação de vendas. Explique uma coisa de cada vez.

- *O que deseja o Cliente cooperativo?*

  Segurança para si e para a família. Gosta de ser apreciado, desde que seja com sinceridade. Valoriza a verdade, a lealdade e a constância de sentimentos. Sente-se bem em ambientes estáveis, previsíveis.

- *Como vender para o cooperativo?*

  Trate de assuntos relacionados à família. Entre em detalhes a respeito de seu produto ou serviço e mostre que você é uma pessoa confiável. Enfatize a garantia que o seu produto oferece e mostre que você deseja o bem do Cliente. Torne-se amigo dele. Evite comentários negativos a respeito da concorrência. É importante deixar claro que você está vendendo algo confiável e que tem condições de manter um atendimento personalizado. Quando estiver para fechar a venda, recapitule os principais pontos do acordo.

Enfim, com o cooperativo é necessário andar devagar e com segurança, ser verdadeiro e amigável. A sua sinceridade é a chave para o coração do cooperativo.

Como vender para o Cliente analista?

Prefere deixar as decisões para depois e é reservado. Tem pensamento crítico e é comedido em suas ações. É consciente, preciso e correto com as suas coisas.

Evite generalizar em sua apresentação, pois, como os cooperativos, os analistas também valorizam os detalhes. Seja o mais completo possível em suas explicações. Especialmente com esse tipo de Cliente, evite comentários negativos relacionados à organização.

- *O que deseja o Cliente analista?*

  Mais autonomia em suas decisões. Adora seguir regras e se desenvolver profissionalmente. Gosta das coisas personalizadas, só dele.

- *Como vender para o Cliente analista?*

  Evite muita liberdade. Seja formal e não se aproxime mais do que o permitido. Destaque o sucesso de sua empresa e a confiabilidade de seus produtos. Ofereça garantias, pois, assim como o cooperativo, ele valoriza a segurança. Seja o mais organizado e paciente possível, e faça sua apresentação com base em detalhes.

Capriche no pós-venda e dê retorno imediato aos possíveis questionamentos ou reclamações. Utilize-se da linguagem escrita e apoie suas argumentações com dados científicos e/ou técnicos. Assim como a mente do decisivo, a do analista é mais tocada pela lógica e pelo raciocínio cartesiano do que pela emoção. Portanto, ele valoriza informações altamente confiáveis e o cumprimento de prazos.

Em suma, seja formal no trato com o analista. Respeite o espaço dele. Seja detalhista e enfatize as vantagens que ele terá ao adquirir seu produto ou ao se utilizar de seus serviços.

Qual é a sua característica mais marcante?

E você? Qual a tendência predominante em sua personalidade? Faça o teste a seguir e verifique se você é decisivo, emotivo, cooperativo ou analista.

Analise cada linha separadamente. Na frente de cada palavra da linha, escreva os números de 1 a 4, de acordo com a seguinte escala de valores: o número 1 deve ser atribuído à característica que lhe é menos marcante e o número 4, ao que é mais marcante em sua personalidade. Naturalmente, os números 2 e 3 representam pesos intermediários. Por exemplo, analise a primeira linha que contém as palavras "focado", "convincente", "sociável" e "meticuloso": se você se considera "focado" e "sociável" mas, entre as duas características, você é mais "focado", então registre 4 para essa palavra e 3 para a palavra "sociável". Não é uma pessoa extremamente meticulosa, mas também não é generalista, então coloque um 2 para a palavra "meticuloso". Por fim, na comparação entre "focado", "sociável", "meticuloso" e "convincente", você acha que convincente tem o menor peso, registre 1 para a palavra "convincente".

Depois de avaliar esses conceitos de acordo com os pesos específicos, some as colunas correspondentes a cada característica.

Você pode aplicar esse teste antes de contratar os vendedores para a sua equipe. Características importantes para o bom vendedor são primordialmente as ligadas às personalidades emotiva, cooperativa e decisiva – nessa ordem.

QUAL SUA CARACTERÍSTICA MAIS MARCANTE?

focado	convincente	sociável	meticuloso
ousado	charmoso	estável	cuidadoso
competitivo	falador	centrado	preciso
assertivo	aberto	de fácil convivência	detalhista
decidido	vibrante	previsível	lógico
persistente	otimista	modesto	curioso
aventureiro	carismático	moderado	contestador
confiante	animado	protetor	polido
experimentador	atraente	paciente	congruente
escrupuloso	compassivo	leal	minucioso
Total	*Total*	*Total*	*Total*

Verifique em qual coluna você marcou mais pontos. Da esquerda para a direita, as colunas indicam personalidade decisiva, emotiva, cooperativa e analista, respectivamente.

Navegando dentro do mapa do Cliente

A comunicação mais eficaz com o Cliente ocorre quando nos comunicamos em sintonia com o mapa dele, e não de acordo com a nossa forma de ver o mundo.

Para isso, temos à disposição o incrível instrumento da modelagem. A modelagem se utiliza das preferências do Cliente, assim como de suas características de personalidade.

Uma modelagem de resultados começa com os valores do Cliente, passa pelos canais preferenciais (visual, auditivo ou sinestésico) e pela fisiologia, culminando com os tipos de personalidade (decisivo, emotivo, cooperativo ou analista). Utilizando-se da modelagem nesses níveis, você conseguirá não só entender melhor a mente de seu Cliente, como também tocar o âmago do coração dele.

A modelagem permite que você entenda melhor a mente do seu Cliente.

Essa modelagem deve ser acompanhada de sua vontade de produzir resultados, de vender cada vez mais e melhor. Para estimular esses valores, a Seminovos Localiza criou a sigla Murab, composta das iniciais das palavras muito, rápido e bem. Ao soltar esse grito de guerra, Murab!, os vendedores se estimulam a vender **mu**ito, vender **rá**pido e vender **b**em. Como lembrete, a empresa entrega a seus vendedores uma lasca de ágata, que os funcionários carregam no bolso e devem tocá-la com frequência. Nessa pedra azulada está gravado o grito de guerra da empresa: Murab!

Para vender, é necessário insistir. Persista até conseguir. Lembre-se da seguinte estatística:

- 46% dos vendedores oferecem seu produto uma vez;
- 24% oferecem duas vezes;

- 14% oferecem três vezes;
- 12% oferecem quatro vezes;
- 4% oferecem à mesma pessoa seu produto cinco vezes. São esses que conseguem concretizar 60% do total de negócios.

Imagine: 4% dos vendedores conseguem realizar 60% dos negócios. O segredo? Modelagem aliada à persistência. Portanto, modele e ofereça seu produto quantas vezes for necessário, até vender. A perseverança é o segredo do sucesso!

Até aqui, aprendemos que o Cliente busca experiência; é atraído pelo prazer e repelido pela dor; valoriza nossa predisposição para o serviço; no fundo, deseja uma mudança positiva em seu estado de humor; quer atenção e, acima de tudo, deseja ser compreendido e visitado com frequência. Só depois que essas chaves são acionadas é que ele se abre para a compra, a coroação de toda a dedicação e esforço do vendedor. Agora, o Cliente está pronto para comprar.

E o que o Cliente realmente compra nada mais é do que uma experiência. Portanto, a venda será consumada assim que o Cliente perceber que está prestes a ter uma experiência altamente satisfatória. É o que mostraremos a seguir.

Chave 7

Cliente compra experiência

Portanto, é o serviço
que decide a venda!

O Cliente tende a favorecer a empresa que lhe oferecer a melhor experiência.

“Nave americana inaugura era dos voos espaciais particulares!”

Jornais de todo o mundo, no dia 22 de junho de 2004, estamparam manchetes semelhantes a essa. No dia anterior, a SpaceShipOne e seu tripulante Mike Melvill, de 62 anos, realizaram o primeiro voo espacial particular da história.

A aterrissagem, no deserto de Mojave, na Califórnia, foi festejada por milhares de pessoas. A SpaceShipOne foi acoplada ao White Knight, avião cargueiro que a transportou em sua primeira etapa. Após uma hora de subida, a SpaceShipOne foi separada do White Knight a uma altura de 15 quilômetros. Então, Melvill ligou os motores do foguete, que atingiu uma velocidade mais de três vezes superior à do som (acima de 3.000 quilômetros por hora). Depois de 80 segundos, Melvill desligou o motor da nave, mantendo sua trajetória ascendente durante três minutos, até atingir a altitude de 103 quilômetros.

A aquela altura, já fora da atmosfera terrestre, Melvill pôde observar a curvatura da Terra e extasiar-se com o que viu: "Há uma vista incrível a 100 quilômetros de altura". Logo após, iniciou sua descida em queda livre por 75 quilômetros, quando começou a manobrar a SpaceShipOne como um planador, até aterrissar com segurança.

Paul Allen, cofundador da Microsoft e uma das pessoas mais ricas do mundo, investiu US$ 20 milhões no desenvolvimento desse projeto. Essa experiência será repetida no futuro, levando três passageiros a bordo, dando sequência às viagens espaciais de turismo.

Esse evento representa uma tendência mundial: foco na experiência do Cliente. Uma viagem espacial é uma experiência exuberante, portanto, algo altamente atrativo. Abre-se um novo mercado. Daí, o interesse de Paul Allen de investir nesse negócio.

O que é que a pessoa traz do espaço? No mínimo, uma sensação diferente. Fez algo que a maioria das pessoas jamais poderá fazer. Sente-se privilegiada, única. Enriqueceu sua vida por meio de uma nova experiência.

Mesmo que a pessoa não esteja interessada em uma viagem espacial, o que ela deseja é que a sua experiência de compra seja única. Como venho dizendo, no fundo, no fundo, o que todos compram é uma experiência. Dentre a vasta gama de ofertas do mercado, o Cliente favorece a empresa que lhe oferecer uma experiência diferenciada, mesmo que tenha de pagar um pouco mais pelo produto ou serviço.

Hotéis de grife

Armani, Bvlgari, Diesel e Versace são grifes de roupas mundialmente famosas. Quem as compra busca, por meio da marca, glamour, estilo e luxo. Para isso, seus Clientes estão dispostos a pagar mais, muito mais. Esses nomes conseguiram agregar tremendo valor aos seus produtos, diferenciando seus Clientes e apontando para um estilo de vida sofisticado.

Esse estilo de vida pode agora ser reforçado por meio da experiência em grandes hotéis e *resorts* que levam o nome dessas marcas mundiais. A Diesel comprou o Pelican Hotel, em Miami Beach, com suítes exóticas, cada uma com decoração exclusiva. A Versace, que já possuía um hotel em Florença, na Itália, inaugurou, em 2000, o excêntrico Palácio Versace na costa australiana e tem planos para construir outro em Dubai, nos Emirados Árabes.

A Bvlgari fez parceria com o grupo Marriot. Está prestes a inaugurar um hotel em Milão e abrirá hotéis nas maiores cidades do mundo. O estilista italiano Giorgio Armani está projetando uma rede de dez hotéis e quatro *resorts*. O primeiro deles será construído em Dubai. As outras cidades contempladas serão Milão, Londres, Paris, Nova York, Tóquio e Xangai.

Armani firmou contrato superior a US$ 1 bilhão com a construtora Emaar, de Dubai. A Emaar ficou encarregada da construção e a Armani, da decoração. O Hotel Armani, de Dubai, ficará no edifício mais alto do mundo (828 metros de altura). Terá 250 suítes e 150 apartamentos, ocupando 40 mil metros quadrados.

O que busca uma pessoa que se hospeda em um Armani? Uma experiência de classe. Esses hotéis de grife oferecem não só a promessa de momentos mágicos, mas toda uma infraestrutura desenhada para dar ao Cliente o que de melhor existe em termos de experiências memoráveis. E é justamente esse diferencial que as pessoas que podem pagar por isso estão buscando.

Como essas marcas se tornaram símbolos de um estilo de vida diferenciado? Empenhando seu foco na dimensão mais importante do produto, isto é, no produto *ampliado*.

As três dimensões do produto

Os itens de consumo apresentam três dimensões fundamentais: produto central, tangível e ampliado. A dimensão *central* representa o benefício. É a nossa primeira aproximação com relação a qualquer produto ou serviço. Quando saímos para comprar um automóvel, queremos facilitar nosso deslocamento. Ao escolher um restaurante, estamos buscando primeiro saciar nossa fome. Quando procuramos por uma loja de roupas, buscamos proteção para nossa pele. A dimensão central é, portanto, básica.

O produto *tangível* é tudo aquilo que podemos ver, ouvir, tocar e experimentar. No caso do automóvel, saímos à procura de um veículo e, ao chegarmos à loja, nos deparamos com diversas marcas, vários modelos, cores diferentes e estilos variados.

Em relação aos restaurantes, temos os mais refinados, os médios e os mais baratos. Há também os *fast foods*, projetados para atrair pessoas com pressa.

Ao procurar por roupa, encontramos enorme variedade de lojas e grifes. Se vamos comprar um terno, notamos que existem os mais caros, importados da Itália, os de preço médio e os mais acessíveis.

A dimensão que realmente decide a venda é a *ampliada*. Nessa categoria, encontramos especificações como:

- localização da loja;
- limpeza;

- cheiro;
- iluminação;
- música ambiente;
- organização dos produtos nas prateleiras, cabideiros ou gôndolas;
- garantia oferecida pela loja ou fabricante;
- prazo de entrega do produto;
- condições de pagamento;
- qualidade do atendimento;
- credibilidade;
- ética nos negócios;
- valorização dos Clientes internos e externos;
- preocupação ecológica;
- percepção geral da marca.

Todos esses atributos têm fundamental impacto na *experiência* que o Cliente está *querendo comprar*. Portanto, o trabalho de fidelização é feito, principalmente, com foco na dimensão ampliada do produto.

O trabalho de fidelização é feito sobre a dimensão ampliada do produto.

As empresas que conseguem esse tipo de foco no produto ampliado, em geral, possuem:

- equipes preparadas e motivadas;
- objetivos claros e estratégias bem definidas;
- escala de valores;
- gestão de alto desempenho;
- cultura arraigada;
- *know-how*;

- tecnologia de última geração;
- elevados padrões de qualidade.

Tudo isso com o objetivo de propiciar *sempre* experiências inesquecíveis para seus Clientes.

Começo e fim de tudo: a experiência do Cliente

As 7 chaves da fidelização de Clientes começam e terminam com a experiência do Cliente. O Cliente busca, conforme já frisamos, por uma experiência memorável e, quando a encontra, permanece se relacionando com a empresa. Por que ele iria mudar de empresa?

Além da primeira e da sétima chaves, que são respectivamente **Cliente busca experiência** e **Cliente compra experiência**, estudamos os seguintes fundamentos da fidelização:

- **Prazer sempre atrai.** Para que o Cliente tenha uma experiência memorável é necessário que sinta prazer ao se relacionar com a empresa, pois o prazer sempre atrai. Portanto, a tarefa principal de todo vendedor é, simplesmente, *fazer o Cliente feliz*. Clientes satisfeitos se tornam o maior ativo de qualquer empresa, pois eles são os melhores "garotos-propaganda". Busque associar seu produto ou serviço a uma experiência prazerosa.
- **Serviço chama sucesso.** Quanto mais serviço você oferecer, mais sucesso obterá. Portanto, é necessário buscar a perfeição em tudo. Há sempre alguma coisa para ser melhorada. Além de oferecer um excelente produto, é necessário embalá-lo de forma adequada. *É importante ir além* e oferecer outros itens que agreguem valor. Por exemplo, se a pessoa procura por um perfume, por que não oferecer também o creme hidratante ou o xampu de mesma fragrância?

- **Entusiasmo contagia.** A primeira pessoa a ser contagiada é você mesmo. Quando você se sente bem a respeito de si mesmo e da empresa que representa, pensa com entusiasmo, fala de forma otimista, tem expectativas positivas com relação ao futuro. Age de forma decisiva e busca estar sempre bem-disposto. Irradia credibilidade e isso cativa o Cliente. Para tanto, você elogia seus Clientes internos e externos. Faz autoelogios e, a cada bom negócio que realiza, diz para si mesmo: "Eu consigo vender muito, vender rápido, vender bem – Murab! –, sou um sucesso!". Você tem um diálogo forte consigo mesmo: "Que maravilha, hoje acordei mesmo para vencer. Um de meus melhores Clientes já me enviou um *e-mail* fazendo novas encomendas".
- **Cliente quer atenção.** Todos querem atenção, principalmente o Cliente. Persista. Insista. *Continue aprimorando o atendimento nos mínimos detalhes*. Tome a iniciativa, ligue para seu Cliente, pergunte do que ele mais gostou, o que poderia ser melhorado. Mantenha seus Clientes bem informados a respeito dos novos produtos com o envio de catálogos e folhetos. Envie cartões de aniversário e de Natal. Envie brindes em ocasiões especiais, com certeza isso fará com que ele se sinta único.
- **Vender é compreender.** Nem todos desejam a mesma experiência. Alguns favorecem os aspectos visuais do produto ou serviço. Outros desejam ouvir boa música ambiente e sentem mais segurança quando você lhes oferece referências idôneas. E existem também aqueles Clientes que desejam experimentar antes de comprar. São estes que mais valorizarão o aroma agradável da loja e o cafezinho que você lhes oferece.

Se somarmos tudo, você oferecerá aquilo que o Cliente realmente deseja: uma experiência memorável! Oferecer uma experiência única deve ser o seu objetivo central, pois só assim conseguirá fidelizar seu Cliente. Não só fidelizá-lo, mas também torná-lo o maior propagandista de seus produtos ou serviços.

Lembre-se sempre

Você não vende automóveis.
Vende confiança, *status*, conforto, liberdade,
facilidade de locomoção.

Você não vende roupas.
Vende a sensação gostosa de estar bem-vestido,
de ter aparência distinta, de exibir um estilo de
vida diferenciado e possuir um ar atraente.

Você não vende seguros.
Vende paz de espírito e um futuro garantido
para seu Cliente e a família dele.

Você não vende remédios.
Vende saúde, bem-estar, alegria de viver.

Você não vende uma casa.
Vende a experiência de possuir uma residência
confortável, a satisfação da casa própria,
a segurança de um bom investimento.

Você não vende livros.
Vende horas de satisfação, alto astral, otimismo,
sem falar nos lucros incalculáveis que advêm
do conhecimento, do aprimoramento intelectual.

Você não vende brinquedos.
Vende momentos felizes e criativos para os
filhos de seus Clientes.

Você não vende computadores.
Vende soluções mais rápidas para os negócios de
seus Clientes, praticidade e os inegáveis benefícios
de uma tecnologia de ponta.

Você não vende pneus.
Vende segurança na estrada e economia
de combustível.

Você não vende um programa em uma
academia de ginástica.
Vende um ambiente agradável,
música alegre, encontro com pessoas felizes,
físico saudável e elegante, autoestima elevada,
saúde equilibrada, qualidade de vida.

Você não vende treinamentos empresariais.
Vende otimismo, motivação, *know-how* e apoio
para estimular e sustentar a melhoria contínua
das pessoas e das empresas.

Você não vende passagens de avião.
Vende transporte rápido e confortável
para agilizar os negócios ou o lazer de seus Clientes.

Você não vende pacotes de viagens e
estada em hotéis de grife.
Vende a realização de sonhos, a magia de
uma experiência inesquecível.

Você não vende coisas.
Vende sonhos, conquistas, emoções,
autorrealização, vida em família e,
acima de tudo, felicidade!!!

Bibliografia

ALDER, H. *PNL para gerentes*. Rio de Janeiro: Record, 1996.

BECKWITH, H. *The invisible touch*. New York: Warner Books, 2000.

BORDIN Filho, S. *Marketing pessoal:* 100 dicas para valorizar a sua imagem. Rio de Janeiro: Record, 2002.

BROOKS, I. *Ganhando mais*. Curitiba: Fundamento, 2003.

______. *Seu cliente pode pagar mais*. Curitiba: Fundamento, 2004.

CAHEN, R. *Comunicação empresarial*. São Paulo: Best Seller, 2003.

CAPRONI, R. *Marketing aplicado à saúde*. 4. ed. Belo Horizonte: Caproni, 2002.

CARDOSO, R. *Faça diferente, faça a diferença!* Rio de Janeiro: Record, 2003.

CARVALHO, E. *Marketing:* aprendendo com os erros e acertos. São Paulo: Makron Books, 1998.

COHEN, H. *You can negotiate anything*. New York: Bantan Books, 1982.

CONNELLAN, T. *Nos bastidores da Disney*. São Paulo: Futura, 1998.

DAVIES, E.; DAVIES, B. *Aprenda los secretos del marketing*. Barcelona: Plaza & Janes, 1994.

FRAZÃO, C. *Show em vendas*. São Paulo: HARBRA, 2004.

GIRARD, J. *Como vender qualquer coisa a qualquer um*. Rio de Janeiro: Record, 1978.

______. *How to close every sales*. New York: Harper Audio, 1990.

GOBÉ, M. *A emoção das marcas*. São Paulo: Negócio, 2002.

HERALD, J. *Atitude!* Curitiba: Fundamento, 2004.

HSM Coletânea. *Marketing e vendas*. São Paulo: PubliFolha, 2001.

KOTLER, P. *Marketing para o século XXI*. São Paulo: Futura, 1999.

LARA, S. *Marketing & vendas na hotelaria*. São Paulo: Futura, 2001.

LeBOEUF, M. *Como conquistar clientes e mantê-los para sempre*. São Paulo: HARBRA, 1996.

MARCHESINI, F. Comportamento do consumidor. In: BASTA, D. *et al. Fundamentos de marketing*, 3. ed. Rio de Janeiro: FGV, 2004.

MARKING, R. J.; LILLIS, C. M. Sales managers get what they expect. *Business Horizons*, June, 1975, n. 52.

MARRIOTT, Jr., J. W.; BROWN, K. A. *The spirit to serve*. New York: Harper Business, 1997.

McCORMACK, M. *A arte de vender*. São Paulo: Best Seller, 1995.

MOINE, D.; HERD, J. *Modernas técnicas de persuasão*. São Paulo: Summus, 1988.

MOLDEN, D. *Neurolinguística nos negócios*. Rio de Janeiro: Campus, 1999.

MOONEY, K.; BERGHEIM, L. *Os 10 mandamentos da demanda*. Rio de Janeiro: Campus, 2002.

MOTTA, L. *Planeta vendas*. Belo Horizonte: Editora Xisyz, 1999.

NAISBITT, J. *High tech/high touch*. New York: Broadway Books, 1999.

NAISBITT, J.; ABURDENE, P. *Megatrends 2000*. São Paulo: Amana-Key, 1990.

O'CONNOR, J.; PRIOR, R. *Sucesso em vendas com PNL*. São Paulo: Summus, 1997.

ORNSTEIN, R.; SOBEL, D. *De prazer também se vive*. Rio de Janeiro: Best Seller, 1990.

RIES, A. As leis vencedoras do marketing. São Paulo: HSM Management, 1996. Videocassete.

ROBBINS, A. *Poder sem limites*. Rio de Janeiro: Best seller, 1987.

SARY, P. *Guia de PNL para a sua empresa*. Rio de Janeiro: Record, 1996.

SCHMITT, B.; SIMONSON, A. *A estética do marketing*. São Paulo: Nobel, 2000.

SLATER, R. *Wal-Mart*. Rio de Janeiro: Campus, 2003.

SOLDOW, G.; THOMAS, G. *Vendas* – profissionalização para a década de 1990. São Paulo: Makron, 1993.

SOUKI, O. *A magia em você!* Belo Horizonte: Souki House, 2002.

______. *A solução otimista*. São Paulo: Elevação, 2002.

______. *Acredite! Você tem o poder!* São Paulo: Elevação, 2005.

______. *Gênio & gestão*. Belo Horizonte: UNA, 1998.

______. *Os segredos do sucesso*. São Paulo: Elevação, 2006.

______. *Otimismo nos negócios*. Belo Horizonte: Souki House, 2003.

______. *Paixão por marketing*. 5. ed. Belo Horizonte: Souki House, 2004.

UNDERHILL, P. *Vamos às compras!* Rio de Janeiro: Campus, 1999.

TWENTIER, J. *O poder do elogio*. Rio de Janeiro: Record, 1994.

WESTWOOD, J. *Como preparar um plano de marketing*. São Paulo: Clio, 2002.

ZIGLAR, Z. *How to get what you want*. New York: Simon & Schuster Audio, 2000.

______. *Os segredos da arte de vender*. Rio de Janeiro: Record, 1986.

______. *Razões para sorrir*. Rio de Janeiro: Record, 2000.

______. *5 steps to successful selling*. New York: Simon & Schuster Audio, 2000.

Para falar com o autor:
omar@souki.com.br
www.souki.com.br